江戸時代を知る、楽しむ。

監修◉永井義男
絵◉鈴木あつよ

Gakken

戦国時代に終止符を打ち
徳川家康《とくがわいえやす》が開いた江戸時代
それからおよそ四百年――
江戸城は
皇居になり……
水路の上に
高速道路ができ……
武家屋敷があった場所は
高層ビル群に
なった――
江戸は変わったなァ
てえしたもんだ
ピッピ
プップ
ゴクッ
青になりました
おっと
あぶねえ
おいらの時代は
江戸に百万人
ええぇ～っ
今は千四百万人だってえ!?

ん？
浮世絵展!?
おいらが手がけた
写楽じゃねえか
!?
おっと
申し遅れ
やした
おいらは
蔦屋《つたや》
重三郎《じゅうざぶろう》
江戸時代の
版元でさぁ
コレコレ!!
いやァ驚きやした！
江戸の町がこんな立派になって！
今は東京っていうんだってねえ
ひょえ〜
でもね皆さん
江戸時代あっての日本
江戸の町あっての東京
江戸
東京
そこんところ
忘れちゃあ
いけねえよ！
ちっちっち
この本は江戸の本だってね！
日本橋
江戸の町
人々の暮らし
文化——
おいらが
はりきって
案内させて
もらいまさァ！
チャン・チャン・チャン・チャン・チャン・
よろしく
お見知りおきを！

第一章
江戸時代の社会

第二章
蔦屋重三郎と出版文化

第三章
人々の暮らしと生活

第四章 花開いた文化と娯楽

第一章

江戸時代の社会

江戸時代

戦国時代が終わり、「太平《たいへい》の世《よ》」が到来。様々な文化が一気に花開いた！

江戸時代は一六〇三（慶長八）年に徳川家康《とくがわいえやす》が江戸に幕府を開いてから、一八六八（慶応四）年の明治維新までの約二百六十年間のことを指します。この間は、ほぼ戦争のない長期間にわたる平和な時代として「太平の世」とも呼ばれています。そのおかげで社会は安定し、商業や工業、農業など経済全体が発展しました。

また、「五街道（東海道《とうかいどう》、中山道《なかせんどう》、日光街道《にっこうかいどう》、奥《おう》州街道《しゅうかいどう》、甲州街道《こうしゅうかいどう》）」など交通網も整備され、物資の流通や人流が活発になりました。

政治体制と社会構造

江戸時代の政治体制は徳川幕府による中央集権的な体制で、徳川家の歴代将軍が全国を支配しました。

将軍の下には「大名《だいみょう》（領主）」が置かれ、それぞれが領地である「藩《はん》」を治め、大名たちは参勤交代《さんきんこうたい》制度により定期的に江戸に出仕し、自領と江戸を行き来することで幕府への忠誠を示しました。

また、幕府は武士階級を中心に社会を構築し、厳格な身分制度と統制を敷きました。なお、歴史的な政策として、幕府は一六三九（寛永十六）年に鎖国政策を本格的に実施。これにより内政の安定が図られ、日本独自の文化が発展しました。しかし、一方で鎖国政策により国際的な影響からは長い間隔離されることになりました。

経済発展と技術革新

江戸時代は江戸（東京）、大坂（大阪）、京都などの都市が経済の中心となり、多くの商人や職人が集まりました。特に江戸は人口が百万人を超える大都市となり、商業や文化の発信地として栄えました。出版、演劇、美術などの江戸文化が花開き、庶民の間では教育も普及して識字率も向上。また、貨幣経済も浸透し、銀貨や銅貨が広く流通しました。

江戸時代

江戸時代の技術革新も重要な要素です。農業では、新しい品種の稲や農具が導入され、収穫量が増加しました。都市部では上下水道も整備され、生活環境も大きく改善されました。江戸時代は多くの文化や社会基盤が築かれた時代であり、この時代に培われた技術や文化の影響は、現代の日本にも今なお色濃く残っています。

政治体制と社会構造

しかし十九世紀に入ると海外から開国を求める圧力が強まり、一八五三（嘉永六）年にアメリカからペリー提督が浦賀に来航。日本に強く開国を迫り、幕府は鎖国政策を緩和しました。

さらに、その後の政情不安と国内の反幕府運動により一八六八（慶応四）年に江戸幕府は終焉を迎えました。江戸幕府に代わって新たに明治新政府が樹立され、日本は近代化の道を歩み始めたのです。

江戸データ

データで当時の社会構造や生活を理解する！

現代にまで残されている当時の各種記録や文書、寺社の過去帳、戸籍台帳などから歴史人口学の研究が進み、江戸時代の各種データについて、およそ以下のようなことがわかっています。当時の社会構造を知ると、さらに江戸時代への理解が深まります。

健康と寿命

江戸時代の平均寿命は、現代と比較すると非常に短いものでした。当時の平均寿命は、男性が三十歳くらい、女性が三十五歳くらいだったとされています。しかし、この平均寿命には乳幼児死亡率が高かったことが大きく影響しており、成人後の寿命はさらに長かった可能性があります。

なお、江戸時代には疫病《えきびょう》が頻繁に発生し、天然痘《てんねんとう》や麻疹《はしか》などが多くの命を奪いました。また、栄養不足や不衛生な環境も健康に大きな影響を与えました。

人口と人口動態

江戸時代初期、一六〇〇年頃の日本の総人口は約[※1]一千二百三十万人と推定されています。江戸時代を通じて人口は増加し、江戸時代後期の一八六三（文久三）年には約[※2]三千三百万人に達したとされています。都市部の人口も増加し、江戸（現在の東京）の人口は百万人を超え、当時世界最大の

※1『歴史人口学研究：新しい近世日本像』著者＝速水融（藤原書店）より
※2「国立社会保障・人口問題研究所：江戸時代の推定人口：1847～70年」より

江戸データ

都市の一つとなりました。しかし、天災や疫病の流行により、人口には一定の変動があったようです。

婚姻年齢と家庭の構成

江戸時代の婚姻年齢は女性が十六歳から十八歳、男性が十八歳から二十二歳くらいでした。婚姻は家同士の結びつきを重視するため、両親や親戚によるお見合いが主流でした。

また、女性は結婚後に家事や農作業に従事することが多かったため、早期の結婚が一般的でした。

子どもの数と家庭の役割

江戸時代の家庭における子どもの数は、農家、商家、武家で異なるものの、多い家庭では五人から七人、少ない家庭でも三人から五人が一般的だったようです。しかし、幼少期の死亡率が高かったため、生き残る子どもの数はこれよりも少なかったことが考えられます。

男子は家業や家名を継ぐことが期待され、女子は家事や育児の手伝いを行い、時には養子縁組や婚姻を通じて他家の家計を支えました。

江戸時代の識字率

江戸時代の識字率は、同時代の他国と比較して高かったとされています。諸説ありますが、特に江戸後期には男性の識字率が七〇～八〇％、女性の識字率も五〇～六〇％に達していたと考えられています。

こうした庶民の識字率向上に大きな役割を果たしたのが、全国に広がった寺子屋でした。寺子屋では読み書きや算術が実践的に教えられ、幕末には全国で約一万五千の寺子屋を数え、庶民の教育の場として大いに機能していました。

歴代将軍

江戸時代約二百六十年、歴代将軍は十五代まで続いた！

江戸時代は徳川家康《いえやす》が幕府を開き、徳川慶喜《よしのぶ》が大《たい》政奉還《せいほうかん》を行うまで約二百六十年間続きましたが、この間、十五代の将軍が存在しました。

蔦屋重三郎の生没年は一七五〇～一七九七（寛延三～寛政九）年で、第九代家重《いえしげ》、第十代家治《いえはる》、第十一代家斉《いえなり》が統治した時代でした。この三代にわたる将軍の時代は天下太平の時代で、まさに江戸文化が大きく花を開いた時期でもありました。

徳川家十五代歴代将軍（年数は在位期間）

●徳川家康《とくがわいえやす》―一六〇三～一六〇五（慶長八～慶長十）年

初代将軍。関ヶ原の戦いに勝利し、江戸幕府を開く。政治制度の確立や大名の統制を行い、徳川家の基盤を築いた。在位約二年。

●徳川秀忠《ひでただ》―一六〇五～一六二三（慶長十～元和九）年

第二代将軍。家康の政策を引き継ぎ、大坂の陣で豊臣氏を滅ぼす。幕府の統治機構をさらに整備。在位約十八年。

●徳川家光《いえみつ》―一六二三～一六五一（元和九～慶安四）年

第三代将軍。参勤交代制度を導入し、大名の統制を強化。江戸城の大改修も行った。在位約二十八年。

●徳川家綱《いえつな》―一六五一～一六八〇（慶安四～延宝八）年

第四代将軍。長期にわたる平和を維持し、幕府の権威を確立。文治政治を行った穏健な将軍であったとされる。在位約二十九年。

●徳川綱吉《つなよし》―一六八〇～一七〇九（延宝八～宝永六）年

第五代将軍。「生類憐《しょうるいあわれ》みの令《れい》」を発布し、動物愛護を推進。学問や文化の振興にも力を入れた。在位約二十九年。

●徳川家宣《いえのぶ》―一七〇九～一七一二（宝永六～正徳二）年

第六代将軍。新井白石を登用し、幕政改革を推進。貨幣制度の安定化を図った。在位約三年。

●徳川家継《いえつぐ》―一七一三～一七一六（正徳三～享保元）年

第七代将軍。最年少の将軍として在任。短期間の

歴代将軍

統治だったが、幕府の安定を維持。在位約三年。

●徳川吉宗《よしむね》｜一七一六～一七四五（享保元～延享二）年

第八代将軍。「享保《きょうほう》の改革」を行い、財政再建と農業振興に努めた。法整備や社会福祉も推進。在位約二十九年。

●徳川家重《いえしげ》｜一七四五～一七六〇（延享二～宝暦十）年

第九代将軍。生まれつきの言語障害を抱えて将軍としての統治に悩み、言葉が不明瞭ながらも真意を理解してくれる田沼意次《おきつぐ》や大岡忠光を重用。綱吉の政策を一部見直す。在位約十五年。

●徳川家治《いえはる》｜一七六〇～一七八六（宝暦十～天明六）年

第十代将軍。祖父の徳川吉宗から帝王学を学んだものの、実際の政務は老中の田沼意次が主導した。幕府の財政難に対処し、経済政策を実施。文化の発展も奨励した。在位約二十六年。

●徳川家斉《いえなり》｜一七八七～一八三七（天明七～天保八）年

第十一代将軍。文化文政時代を迎え、江戸の文化が最盛期を迎える。将軍在職期間が歴代将軍でもっとも長い、なんと在位約五十年！

●徳川家慶《いえよし》｜一八三七～一八五三（天保八～嘉永六）年

第十二代将軍。幕府の権威が衰退し始める。経済政策に失敗し、財政難に苦しむ。在位約十六年。

●徳川家定《いえさだ》｜一八五三～一八五八（嘉永六～安政五）年

第十三代将軍。病弱であり、統治に難儀する。後継問題が大きな課題となる。在位約五年。

●徳川家茂《いえもち》｜一八五八～一八六六（安政五～慶応二）年

第十四代将軍。ペリーにより開国を迫られる。幕府の存続を図るが、内外の圧力に苦しむ。十三歳で将軍に就任したが、二十一歳で早世。在位約八年。

●徳川慶喜《よしのぶ》｜一八六六～一八六七（慶応二～慶応三）年

第十五代将軍。大政奉還を行い、江戸幕府を終焉させる。明治政府に政権を譲渡し、近代日本の幕開けを迎える。在位約一年。

時間と暦

時間と暦《こよみ》は独自の工夫と伝統があった！

江戸時代の時間は、現代とは異なる「不定時法《ふていじほう》」という独特の方法で管理されていました。この制度では一日を昼と夜に分け、それぞれを六つの時間帯に分割しました。これにより日の出と日没の時間が変わるにつれて、各時間帯の長さも変動しました。この仕組みは農作業や商業活動の効率化を図るために適していました。

不定時法では昼は「明け六つから暮れ六つ」まで、夜は「暮れ六つから明け六つ」までの六つの時間帯に分けられました。この時間帯は季節によって変わるため夏は昼が長く、冬は夜が長くなりました。また、各時間帯は「刻《こく》」と呼ばれ、一般的には一刻は現在の二時間に相当しますが、季節によって変動するため一刻の長さも一定ではありませんでした。

時《とき》の鐘《かね》と和時計

江戸時代の町や村では、鐘の音が時間を知らせる

時間と暦

重要な手段でした。特に城下町では「時《とき》の鐘《かね》」が定時に鳴らされ、人々に時間を知らせていました。時の鐘は町の中心にある寺院や城の鐘楼で鳴らされ、遠くまでその音が届くよう工夫されていました。

　この鐘の音を聞いて、人々は毎日を管理していたのです。代表的な時の鐘としては、現在も残る「浅草寺の鐘」や「上野の鐘」「川越の鐘」が有名です。

　また、江戸時代には「和時計」と呼ばれる独自の時計が使われていました。和時計は不定時法に基づいて時間を計測するために設計されており、季節ごとに針の動きが変わる仕組みが取り入れられていました。この時計は商家や寺院、農作業や商取引など、日常生活において重要な役割を果たしました。和時計の動力は錘《おもり》やゼンマイでしたが、和時計がある大名家には時計の動きを見張り、調整する時計番がいたそうです。

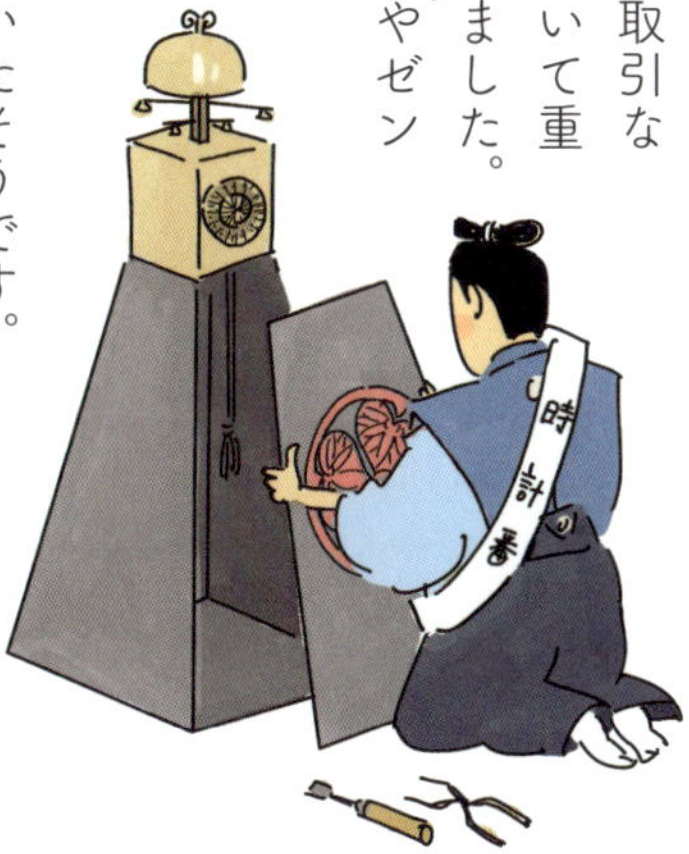

暦《こよみ》のシステム

　江戸時代の暦《こよみ》は、中国から伝わった陰陽暦《いんようれき》を基にした「太陰太陽暦《たいいんたいようれき》」を使用していました。この暦は、月の満ち欠けを基準にしたもので、「旧暦」とも呼ばれます。暦の改定は幕府の重要な役割の一つであり、定期的に改定されました。代表的な改定暦には、「宝暦暦《ほうりゃくれき》」や「寛政暦《かんせいれき》」があります。特徴的なのは太陽の動きとのズレを調整するため、「閏月《うるうづき》」という月が挿入される場合があったことです。庶民の生活はこの暦に従って営まれ、農作業や祭事、商業活動が行われていました。

　また、江戸時代の暦には大安《たいあん》や仏滅《ぶつめつ》などで知られる「六曜《ろくよう》」という吉凶判断が記載されており、結婚や引っ越しなどの重要な行事の日取りを決める際に利用されました。これにより暦は単なる日付の管理だけでなく、人々の生活の指針としても重要な役割を果たしていたのです。

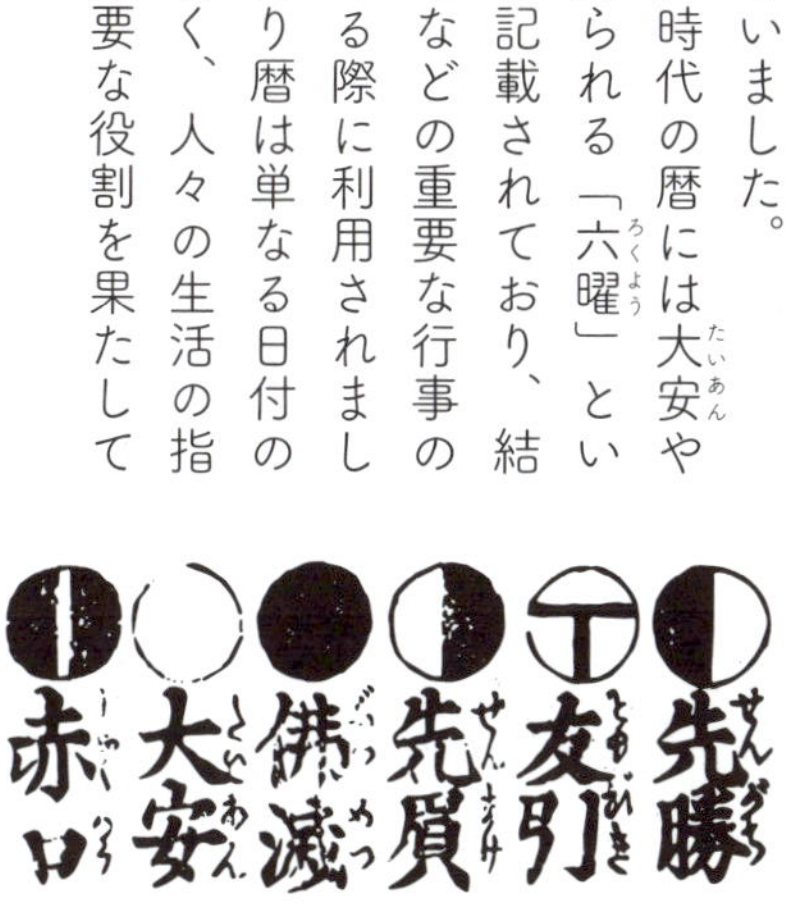

参勤交代

参勤交代《さんきんこうたい》は幕府の権力の確立と、大名の忠誠を確保する重要な制度だった！

参勤交代《さんきんこうたい》は、江戸時代の武家政権である徳川幕府が導入した制度で、大名が定期的に江戸と自領を往復することを義務付けたものです。

この制度は一六三五（寛永十二）年に正式に制定され、幕府の権力を確立し、大名の忠誠を確保するための重要な手段として機能していました。

制度の詳細と実施

参勤交代の基本的なルールは大名が一年間江戸に滞在し、その後一年間自領に戻るというものです。これにより各大名は二年に一度は江戸に滞在し、時の将軍に対する忠誠を示す必要がありました。

また、大名の妻子は人質として江戸に常駐させられ、大名の反乱を防ぐための方策となっていました。大名たちは江戸での生活に慣れない場合が多く、特に地方の大名にとって、江戸での制約の多い生活は大きなストレスとなっていたようです。

参勤交代の経済的な影響

参勤交代は大名にとって大きな経済的負担となりました。江戸と自領の往復には多くの人員と資金が必要であり、これにより大名の財政が圧迫されることが多かったのです。

特に遠方の大名にとって、その費用は莫大なものでした。大名の行列には多くの家臣や従者が同行、これに伴う宿泊費、食費、馬や荷車の維持費などが必要でした。さらに、江戸滞在中の藩邸の維持費や江戸での生活費も負担となりました。

たとえば加賀前田家の一八〇八（文化五）年の参勤交代では、総費用が「銀三百三十二貫《かん》四百六十六匁《もんめ》余りであ

参勤交代

った」と伝えられています。

しかし、この制度は同時に日本全体の経済活性化にも寄与しました。大名行列が通る街道沿いには宿場町が発展し、江戸と地方の間の物流も促進されるというメリットもあったのです。

参勤交代の文化的な影響

参勤交代は文化的な交流も促進しました。江戸に滞在する大名やその家臣たちは、江戸の先進的な文化や技術を吸収し、それを自領に持ち帰りました。

これにより地方でも江戸文化が広まり、日本全体の文化水準が向上しました。特に江戸の絵画、茶道、能楽などが地方に伝播し、全国的な文化の一体化が進みました。

制度の終焉

江戸幕府の統治体制を支える参勤交代はおよそ二百年以上続きましたが、一八六二（文久二）年に一部が緩和され、一八六七（慶応三）年の大政奉還とともに終わりました。この制度の終焉により大名の江戸への定期的な移動は終わり、日本は近代化と新たな時代への移行を迎えたのです。

地方自治

江戸時代の藩《はん》制度は、日本の地方自治を支え、独自の文化と経済を育んだ！

江戸時代の地方自治は、「藩《はん》」という単位を基盤としていました。藩は、藩主である大名が統治する領地であり、その数は（取り潰しや再編成もあり）二百六十～三百前後にものぼりました。藩主は幕府から与えられた土地と家臣団を管理し、自らの領地を治める責任を負いました。この制度によって、江戸時代の日本には幕府の中央集権と藩の地方分権が共存する独特の政治体制が築かれていたのです。

藩の行政機構

各藩には、独自の行政機構が整備されていました。藩主のもとには、家老《かろう》や奉行《ぶぎょう》といった役職が置かれ、彼らが領地内の政治や経済、司法を担当しました。

家老は藩主の側近として、重要な政策決定に関与し、奉行は治安維持や裁判を行いました。また、郡《ぐん》代《だい》や代官《だいかん》といった役職も存在し、地方の行政を細かく管理しました。

こうした行政機構により、藩は効率的に統治され、秩序が保たれていたのです。

藩の文化と教育

地方の文化は藩ごとに独自に育まれ、地域ごとの特色が形成されました。教育では「藩校《はんこう》」と呼ばれる学校が設置され、武士の子弟や庶民に対して儒学《じゅがく》や武道、礼儀作法などの教育が行われました。

また、藩によっては学問や芸術の振興に力を入れ、藩士たちの教養向上も図られました。たとえば、水戸藩の水戸学《みとがく》や長州藩の吉田松陰《よしだしょういん》による教育活動などが有名です。

藩の財政と経済

藩の財政は、主に領地内の農業収入によって支えられていました。「年貢《ねんぐ》」と呼ばれる税金は主に農民から徴収され、藩の主要な財源となりました。年

地方自治

貢の収穫量は領地の肥沃《ひよく》さや農民の努力に依存していたため、各藩は農業生産の向上に努めました。さらに藩は特産品の生産や流通を奨励し、経済を発展させました。たとえば、加賀藩では九谷焼《くたにやき》という陶器が有名であり、薩摩藩では薩摩切子《さつまきりこ》というガラス工芸品が特産品として知られています。

　また、藩が専売制を敷いた例もあります。和紙や酒の専売を行った藩があったように、特産品を藩が独占的に管理することで収入を得ることもありました。このような専売制は、藩の収入源を確保する手段として重要な役割を果たしていたのです。

藩の格差

肥沃な土地を持ち、米の収穫量が多い藩は経済的に裕福でしたが、一方で土地が痩せている地域や山間部の藩は経済的に困難な状況にありました。裕福な藩は財政的に安定し、インフラ整備や教育などに投資する余裕がありましたが、貧しい藩は財政難から借金が膨らみ、住民に対する負担も増加しました。これにより、住民の生活水準にも格差が生じました。

　幕府はこのような経済格差を緩和するため、様々な政策を導入。領内での農地改革や新田開発の奨励、商業活動の活性化などを行いました。さらに、藩同士の経済協力や相互扶助の仕組みも構築されましたが、それでも完全に地域格差を解消することは難しかったようです。

　幕末期には、藩の財政難と国家の防衛強化を背景に、多くの藩が財政再建と軍備増強に取り組みました。その過程で、各藩は次第に幕府への反抗姿勢を強めましたが、特に薩摩藩や長州藩、佐賀藩や土佐藩の改革は尊王攘夷《そんのうじょうい》思想とも結びつき、明治維新に向けた強い勢力を生む要因となっていったのです。

町づくり

計画的な都市設計により江戸は世界有数の大都市に！

江戸の町づくりは、徳川家康が江戸幕府を開いてから本格的に始まりました。家康は江戸を全国の政治、経済、文化の中心地とするために大規模な都市計画を実施しました。この計画は「天下普請《てんかぶしん》」と呼ばれ、全国から多くの労働者が動員されました。

江戸城とその周辺

江戸の都市計画は、江戸城を中心に同心円状に広がる形で設計されました。江戸城は政治の中心であり、徳川将軍家の居城として、また防御の要として重要な役割を果たしていました。

江戸城の近隣には大名《だいみょう》や旗本の武家屋敷が配置され、とりわけ有力な大名の上屋敷は城に近い場所に設けられました。これにより、大名の統制と幕府の権威を象徴すると同時に、政治的な中枢が形成されました。

また、武家地は地位に応じた位置に区分され、江戸城からの距離でその格式が示されました。

町人地と商業地

さらに、その外側に町人地が配置され、庶民の住む区域が形成されました。町人地は経済活動の中心であり、商人や職人が集住し、狭い敷地に家が密集していました。町人地には商店街や市場も形成され、日用品や食

町づくり

料品が日常的に売買されました。特に日本橋周辺は全国からの物資の集散地となって、物流の拠点として重要な役割を果たしていました。

また、江戸には多くの寺社が町の中に点在していました。寺社は宗教的な役割だけでなく、火災時の避難場所や公共の広場としても機能していました。上野や浅草などには大きな寺社があり、その周辺には屋台が立ち並んで娯楽の集積地になるなど、庶民の憩《いこ》いの場としても利用されていました。

水路と交通網

江戸の都市計画では、河川や運河の利用も重視されました。江戸の町は多くの河川や運河が整備されて河川を活用した水運が発達、物資の運搬や商業活動が盛んに行われました。これにより物資の輸送が効率的に行われるようになり、江戸の経

済発展に大きく寄与しました。

舟運《しゅううん》は江戸の物流の生命線であり、隅田川や日本橋川、神田川などが主要な水路として利用されました。また、主要な街道が整備され、全国各地と江戸を結ぶ交通網も発達しました。

町の拡大と人口増加

江戸の町は十七世紀から十八世紀にかけて急速に拡大し、人口も急増しました。江戸時代中期には江戸の人口は百万を超え、当時の世界最大級の都市となりました。町の拡大に伴い、住宅地や商業地も広がり、江戸は多様な文化や経済活動が交錯する都市へと成長しました。

江戸の町づくりは、計画的な都市設計と効率的な交通網の整備により、世界有数の大都市を生み出しました。これにより江戸は日本の政治、経済、文化の中心地として発展し、近代都市東京への基礎を築いたのです。

石

「石《こく》」は米の量を基準にした生産力の単位で、一石は現在価値でウン十万円!?

江戸時代における「石《こく》」とは、主に米の生産量を表す単位でした。一石は十斗に相当し、現代の計量では約百八十リットルの米にあたります。この単位は藩《はん》の経済力や大名の地位を示す基準として広く用いられました。

たとえば、石高《こくだか》一万石とは、その藩が年間に生産する米の量が一万石であることを示し、その生産力に基づいて収入や軍事力を測る指標となりました。

現在の価値に換算すると

江戸時代の〝一石の価値〟を現在の金額に置き換える試みはいくつかありますが、一概に決定するのは難しいとされています。

しかし、以下のような試算があります。

●一石は現代の価値で約五万円とする場合

●一石を約二十七万円とする場合

●一両を約十万円とし、一石＝一両とする場合

【一例としての計算】

たとえば、加賀藩の石高が一二〇万石であるとした場合、これを換算すると次のようになります。

●一石＝五万円とする場合＝六百億円

●一石＝二十七万円とする場合＝三千二百四十億円

●一石一両十万円とする場合＝千二百億円

このように、石高を基に現代の価値を計算することで、当時の経済力や生産力の大きさを理解することができます。

裕福だった藩

●加賀藩《かがはん》（金沢藩）……江戸時代でもっとも裕福とされていたのは加賀藩、または金沢藩《かなざわはん》です。加賀藩は前田氏が治め、石高は百二十万石を誇りました。

このため「加賀百万石」とも呼ばれましたが、この高い石高は肥沃な農地と豊富な農産物生産、さらには金山や銀山などの鉱山資源の開発と管理といった潤沢な収入源によって支えられていました。

●尾張藩《おわりはん》（名古屋藩）……尾張藩は徳川御三家の一つで、石高は六十二万石とされています。名古屋城下の商業の発展や領内の豊かな農業生産により、経済的に裕福な藩でした。

●熊本藩《くまもとはん》……細川氏が治め、石高は五十四万石でした。熊本藩は肥後国全域を領有し、肥沃な農地での米の生産が盛んであり、また豊富な農産物や特産品の生産の他、製塩業や漁業など多様な産業も発展し、安定した収入を得ていました。

●薩摩藩《さつまはん》（鹿児島藩）……薩摩藩は島津氏が治め、石高は七十七万石とされていますが、琉球王国との交易や黒糖の生産によって大きな収益を上げていました。そのため、実際の経済力は石高以上であったとされています。

これらの藩以外にも、長州藩《ちょうしゅうはん》（萩藩）や仙台藩《せんだいはん》など、石高が高く経済的に裕福な藩がいくつか存在しました。

逆に、栃木県さくら市喜連川《きつれがわ》にあった喜連川藩、盛岡藩（南部藩）、備中松山藩、米沢藩などは厳しい財政であったことが知られています。

身分制度

江戸時代の身分制度は〝武士とそれ以外〟の広い区分だった！

江戸時代の身分制度は、国を統治するための秩序として徳川幕府が整えたものでした。徳川将軍を頂点とする身分組織で、大まかには〝武士とそれ以外〟という二大区分が社会の基本であったようです。

武士とその特権

武士は江戸時代の支配階級として、特別な地位と権限を持っていました。武士は「俸禄《ほうろく》」と呼ばれる米を給与として受け取り、軍事や行政を担いました。また、武士は帯刀《たいとう》を許された唯一の身分であり、武士道という道徳規範を尊ぶ存在として位置づけられていました。

彼らは特権階級である一方、幕府の監視下で忠誠を求められ、自由な商業活動や贅沢が厳しく制限されていました。なお、武士の中にも大名、旗本、御家人といった階層があり、地位や俸禄に応じた身分が細かく区別されていました。

ちなみに、彼らの家族も「武家」としての特権を持ち、一般庶民とは明確に区別されていました。

また天皇家や公家なども、武士と同様に支配階層に属していました。

武士以外の身分

武士以外の大多数の人々はの身分は、大きく「農民」と「町人」に分類されましたが、この分類の下には、さらに多くの細分化がありました。

●**農民（百姓）**……土地を耕して年貢を納め、幕府や藩の財政を支えた人たちです。農民にも土地を所有して年貢の責を負う「本百姓《ほんびゃくしょう》」と、土地を持たず年貢の負担もない「水呑百姓《みずのみびゃくしょう》（小作人）」のような

身分制度

階層差がありました。

●町人（商人・職人）……町人は主に都市部で暮らし、商業や手工業等に従事しました。商人の中には「豪商」と呼ばれる大商人もおり、経済的に大きな影響力を持ちましたが、政治的な権限はほとんどありませんでした。また、職人は木工や鍛冶、染物などの技術を生かし、町の経済や文化を支える重要な存在でした。

●その他の身分……これらの身分の他に、僧侶や神職などの宗教者、医者や儒者などの知識人、役者などの芸能者といった様々な身分がありました。さらに、下位に属する被差別身分とされる人々もいました。彼らは独自の役割を担いつつも社会の底辺に位置づけられ、差別的な待遇を受けていました。

明治以降の再解釈

明治時代に入ると江戸時代の身分制度を簡潔に説明するため、「士農工商」の概念が用いられるようになりました。明治政府は封建制度から脱却し、近代国家を構築する過程で旧身分制度を廃止する「四民平等」を掲げました。この文脈で「士農工商」という簡略化された身分構造が広められ、教育現場などで教えられました。

しかし、実際の江戸時代の社会構造は単純な四階層ではなく、地域や時期によっても異なります。江戸時代の身分制度は〝武士とそれ以外〟という二分法で理解したほうが、当時の実態をよく表しているといえるでしょう。

戸籍管理

戸籍や住民登録は寺院を中心に厳格に管理されていた！

江戸時代において、現代における戸籍管理や住民登録の役割を果たしていたのは寺院でした。

幕府は「寺請制度《てらうけせいど》」を導入し、各家族は特定の寺に所属しなければなりませんでした。寺請制度は幕府が導入した宗教管理制度で、社会全体の宗教活動を把握し、特定の宗教（特にキリスト教）の信仰を禁止することにありました。

具体的には各家庭が「檀家《だんか》」として特定の寺院に所属し、その寺院から檀家であることを証明する証明書を発行してもらう必要がありました。これが、幕府の戸籍管理とも密接に関係していたのです。

戸籍に相当する宗門人別改帳《しゅうもんにんべつあらためちょう》と寺請証文《てらうけしょうもん》

戸籍に相当するものとして、「宗門人別改帳《しゅうもんにんべつあらためちょう》」という書類がありました。寺院が各家庭の構成員やその変動を記録したもので、毎年更新されました。

また、各家族が特定の寺院に所属していることを

戸籍管理

証明する「寺請証文《てらうけしょうもん》」という証明書も発行されました。「宗旨手形」「寺送《てらおく》り状《じょう》」などとも呼ばれます。

これによって、出生、死亡、婚姻、移住などの情報と身分の確認を容易に行うことができたのです。

名寄帳《なよせちょう》と名簿の存在

江戸時代には「名寄帳《なよせちょう》」と呼ばれる帳簿も使用されました。これらは村役人や町役人が管理していました。

名寄帳には農地を保有する本百姓ごとに石高・面積などが記載されていましたが、それが年貢を徴収するための重要なデータベースとなっていました。

移動と戸籍の管理

江戸時代の人々は移動が制限されており、特に農民は村からの移動が厳しく制限されていました。

奉公や旅行、婚姻などで生家を離れたりする場合、寺送り状などの移動証明書を取得する必要がありました。このようにして住民の管理は徹底されていったのです。

このように、寺請制度は単に宗教統制のためだけでなく、人口管理の手段としても機能していました。寺院が住民の情報を詳細に記録することで、幕府は地域ごとの人口動態を把握しやすくなったのです。

これによって幕府は税収の確保や労働力の配置、治安維持などの政策を効率的に行うことができました。江戸時代の戸籍や住民登録制度は、身分制度の維持や人口管理を目的として厳格に運用されていたのです。

寺社を通じた宗門人別改帳や寺請証文、村役人や町役人による名寄帳の管理は、社会の安定と秩序を保つための重要な仕組みでした。このような制度が江戸時代の社会基盤を支えていたのです。

貨幣制度

貨幣制度は金銀銅の三種類を基盤とし、経済発展とともに複雑化した！

江戸時代の日本では貨幣制度が整備され、経済活動が活発になりました。江戸幕府は三貨制度――金貨、銀貨、銅貨の三種類の貨幣を発行し、これにより経済の安定と発展を図りました。金貨は主に高額取引、銀貨は商業取引、銅貨は庶民の日常生活で使用するといった具合です。

この制度により、各階層や地域の経済活動に対応する柔軟な貨幣流通が実現しました。

金貨と銀貨の使用

金貨と銀貨では、使用される地域が異なっていました。金貨は主に身分の高い武士などに使用され、江戸を中心に流通。対して銀貨は主に身分の低い武士などに使用され、大坂を中心に流通していたとされています。代表的な金貨には「小判《こばん》」や「一分金《いちぶきん》」があり、これが高額な取引の標準となりました。小判は金の含有量によって価値が決まりましたが、天保《てんぽう》小判や元文《げんぶん》小判など、発行時期によって異なる種類が存在します。

銀貨は「丁銀《ちょうぎん》」や「豆板銀《まめいたぎん》」と呼ばれる秤量《ひょうりょう》貨幣で、重量によって価値が決まるため、秤《はかり》で計量して使われました。こうした金銀貨幣の使用は、商業の発展とともに広がり、庶民や商人の経済活動を支えました。

銅貨の役割

銅貨は、庶民の日常生活において広く使われました。銅貨の中でも代表

国立公文書館「金吹方之図」より

貨幣制度

的なものは「寛永通宝《かんえいつうほう》」で、これが庶民の間で広く流通しました。銅貨は安価で大量に鋳造できるため、小額の取引に適しており、日常の買い物や商取引に便利でした。

また、銅貨の使用は貨幣経済の浸透を促進し、経済の安定化に寄与しました。

紙幣の導入

江戸時代後期には、一部の藩《はん》で紙幣が導入されました。紙幣は、藩札《はんさつ》として発行され、藩内での経済活動を円滑にするために使われました。紙幣の導入は、貨幣の不足を補うためのものであり、これにより地方経済の発展が促進されました。しかし、藩札は信用の問題から、一部では価値が安定しないこともあったようです。

貨幣経済の変遷と影響

江戸時代を通じて、貨幣制度は何度か改定されました。貨幣の品質や量が変更されることもあり、これが経済に影響を与えました。特に、幕末期には財政難から貨幣の改鋳《かいちゅう》が頻繁に行われ、これがインフレを引き起こす原因ともなりました。しかし、全体として見れば、江戸時代の貨幣制度は経済の発展を支え、多様な経済活動に貢献したといえます。

ちなみに日本銀行金融研究所の貨幣博物館によると、一両の現在価値は江戸時代の各時期においても差がみられ、米価から計算した金一両の価値は江戸初期で約十万円前後、中～後期で四～六万円、幕末期は金の含有量が減って約四千円～一万円ほどだそうです。

税制度

江戸時代の税制度も厳しいものだった！

江戸時代は徳川幕府の支配下で独自の税制度が確立され、運用されていました。この時代の税金は、大きく分けて「年貢《ねんぐ》」と「諸役《しょやく》」に分類されます。

年貢は主に農民から米や農産物を徴収するもので、諸役は労役や現金での納付を求められる税でした。

年貢の仕組み

年貢は、農民にとってもっとも重い負担となる税でした。主に土地の生産力に基づいて課せられ、米の収穫量の一部を幕府や藩に納める形で徴収されました。これらの税は、年貢米として各藩の財政基盤となっていました。

諸役の役割

諸役は、農民だけでなく町人や商人にも課せられる税でした。具体的には、労役や現金での納付が求められました。

税制度

労役には道路や堤防の建設・修繕などの公共事業が含まれ、現金での納付は商取引や通行料（運上《うんじょう》）として徴収されました。特に商人には、特定の商品に対する課税や市場での取引ごとに課せられる「市《いち》場税《ばぜい》（冥加《みょうが》）」などもありました。

各地の税制度の違い

江戸時代の日本は幕府直轄領や藩領、寺社領などに分かれており、それぞれの領地ごとに税の種類や税率が異なっていました。

たとえば、幕府領では厳格な税制度が敷かれ、詳細な税率が設定されていました。一方で、藩領では各藩の政策により税制度が異なり、一部の藩では農民の負担を軽減するための施策が取られることもありました。現代の「国税」や「地方税」のようなものが江戸時代にも同様に存在していたのです。

税制度の影響

江戸時代の税制度は、農民や商人にとって大きな負担となりましたが、一方で各藩の財政基盤を支え、社会の安定を図る重要な役割を果たしました。

特に年貢米は、各藩の財政運営や軍事力の維持に不可欠なものであり、当時の国民の大多数を占める農民の努力によって日本全体の経済基盤が支えられていました。また、税収を基にした公共事業の実施や市場の整備は、都市の発展や経済の活性化にも大きく寄与しました。

しかしながら、幕府や藩の財政基盤を支える年貢は農民にとって大きな負担であり、その過酷さが反乱や一揆を招いたことが江戸時代には何回かありました。不作や飢饉の際にも厳しく徴収されることが多く、税負担が農民を追い詰めたのです。こうして農民が団結して権力に対抗する動きは、幕末の社会改革や農村の近代化にも影響を与えました。

上下水道

江戸時代の上下水道は、都市生活を支える重要なインフラだった！

江戸時代の上下水道は特に大都市の江戸で発展し、都市生活の衛生環境を支える重要なインフラとなっていました。井戸や川を利用した水の供給と、排水の処理が都市生活の基盤を支えていたのです。

水の供給と井戸

江戸時代、江戸の町では主に井戸が生活用水の重要な水源として利用されていました。井戸は各家庭や公共の場所に設置され、住民たちが共同で使用しました。井戸は縄と滑車を使って桶《おけ》で水を汲み上げる「つるべ井戸」で、その多くは玉川上水や神田上水から分水した水を蓄えるための貯水井戸として機能していたとされています。江戸でも地下水が出る「掘り抜き井戸」がありましたが水質に問題があり、飲料にはあまり適さなかったようです。

こうした水の供給は、木樋《もくひ》や土樋《どひ》を通じて分配されました。水は直接各家庭に供給される仕組みではなく、共同井戸や町内の貯水設備を介して利用されましたが、その給水管の総延長は約百五十キロメートルにも達し、当時としては世界最大級の給水システムとなっていました。

のちに「青山上水」や「三田上水」なども整備され、地域ごとに水が供給されましたが、近代的な水処理は行われておらず、やはり木製の水道管を通じて直接供給されました。

上下水道

排水と下水道

江戸の排水処理もまた重要な課題でした。家庭から出る汚水や雨水は、道路脇の溝《どぶ》や下水道に流されました。下水道は石や木で作られた管が主に使用されており、これにより汚水を効率的に川や海に排出することができました。さらに江戸の都市計画では低地や湿地帯の排水対策も施されており、洪水や浸水を防ぐための堀や排水溝も整備されました。

公衆衛生と水の管理

江戸時代の公衆衛生は、町の人々が共同で行う活動が多くありました。たとえば、井戸や上水道の管理は町の人々が総出で行い、定期的な清掃や修理が行われました。また、下水道の清掃も町の人々が協力して行い、溝や下水道が詰まらないように注意が払われました。こうして、都市全体の衛生環境がコミュニティ単位で維持されていたのです。

水の利用と文化

江戸時代の水は、生活の一部として多様な用途に利用されました。たとえば、風呂や湯屋《ゆや》では井戸水や川の水が使用され、清潔な生活が保たれました。また、水は田畑の灌漑《かんがい》などの農業、染物などの工業製品の生産にも欠かせないものでした。さらに、水に関連する祭りや行事も多く、夏には川などでの遊びが人気を集めていました。

上下水道は都市生活基盤として重要な役割を果たし、江戸時代の後期には衛生意識がさらに向上し、生活水の清潔さが重要視されるようになりました。

し尿処理

トイレ文化は都市の衛生管理と資源の有効利用で重要な役割を果たしていた！

江戸時代のし尿処理――トイレ文化は、現代とは異なる形式でありながらも、衛生管理や資源の有効利用において重要な役割を果たしていました。
特に都市部の江戸では急速に人口が増加する中で、効率的な排泄物処理が求められていました。

江戸時代の便所の形態

江戸時代の便所《べんじょ》は、主に汲《く》み取り式便所として知られていました。この便所は穴を掘り、排泄物は直接穴に落ちる仕組みで、特に都市部では家の外に設置されることが多く、庭や離れに設置された小屋の中にありました。

排泄物の分解処理を助けるために、便器の中に草や木の葉が敷かれることもあり、また便器には消臭効果のある草や香木が使われることもありました。

なお、お尻を拭く紙は高価だったため、主に農村部では草などが使用されることもあったようです。

排泄物の処理と再利用

衛生面の問題から、排泄物は定期的に取り除く必要がありました。各家庭や長屋の共同便所などに溜まった排泄物は専門の業者が回収し、「下肥《しもごえ》」と呼ばれる肥料として販売され、農村地帯の田畑で活用されました。この江戸時代におけるし尿処理は、都市と農村を結ぶ重要な経済活動でもあり、江戸では主に糞が利用され、京坂地方では尿も肥料として重宝されていたようです。

こうした下肥取引は都市の衛生問題を解決し、経済や農業にも寄与するという持続可能な循環型社会を実現させていたのです。

し尿処理

共同便所と衛生管理

多くの町民が暮らしていた長屋は複数世帯の集合住宅形態で、個別の便所は設置されていないことが多く、江戸では「惣後架《そうこうか》」と呼ばれる共同便所が設置されていました。防犯、採光、臭気緩和などのために戸は「半戸」として頭が見える構造で、これは利用効率を高める工夫でもありました。長屋の家主は下肥の販売収益を得ており、喜田川守貞《きたがわもりさだ》の『守貞《もりさだ》謾稿《まんこう》』によると、百両の家主株の年間収入の三十〜四十両が糞代によるものであったとされています。

また、江戸時代の人々は用を足した後の手洗いの習慣もあり、衛生意識が高かったことが知られています。さらに町奉行所により、し尿処理の規則や便所の設置場所、使用方法なども細かく定められていました。これにより、江戸の町は清潔に保たれ、病気の蔓延を防ぐことができていたのです。

便所文化の影響と変遷

江戸時代の便所文化は、その後の日本のトイレ文化に大きな影響を与えました。明治時代以降、西洋式の便所が導入されるようになると、腰掛式の洋風便器や水洗式の便器が普及しました。しかし、江戸時代の汲み取り式便所や排泄物の再利用の仕組みは、持続可能な社会の一例として現代にも学ぶべき点が多いとされています。

防災

独自の防災システムで町の安全を守った！

江戸時代は、火災が頻繁に発生する時代でした。木造建築が主流で、密集した都市構造が火災の被害を拡大させる原因となっていたのです。そのため、火災対策は非常に重要であり、特に江戸では、様々な消防組織や防災システムが発展しました。

火災後の復興と防火対策

江戸時代初期には、火災に対する組織的な対応が整っていませんでした。一六五七（明暦三）年の明暦の大火では、江戸の約三分の一が焼失し、多くの人命と家屋が失われました。これを受けて、翌一六五八（明暦四）年に「定火消《じょうびけし》」が置かれ、さらに一七一八（享保三）年に町奉行の下に「町火消《まちびけし》」が設置されました。

　定火消は江戸城や幕府の重要施設を守るためのもので、武士が中心となって活動にあたりました。町火消は町ごとに編成され、町民の自発的な協力によって運営されていました。

　また、「大名火消《だいみょうひけし》」も存在し、大名屋敷やその周辺の火災を防ぐ役割を担いました。大名火消は江戸城や江戸幕府の重要施設を火災から守るために設立したもので、夜警のほか、火災発生時には武士や家臣が消火活動を行いました。

消防用具と防災

　江戸時代にはまた、様々な消防用具が開発されました。代表的なものに、火消し用の梯子《はしご》や水桶《みずおけ》、火消《ひけ》し装束《しょうぞく》、鳶口《とびぐち》などがあります。

　梯子は高所からの避難や消火活動に使用され、水桶は消火用水の運搬に使われました。火消し装束は防火服として火災

防災

現場での安全を確保するためのもので、鳶口は長い棒の先の鈎《かぎ》で火のついた建物を崩すために使用されました。

さらに、火災の発生を未然に防ぐために江戸の町民には火の用心が徹底されました。町内ごとに火《ひ》の見櫓《みやぐら》が設置され、火災予防のために「火の用心！」と声かけする夜警も行われました。また、火災発生時に迅速に知らせるための半鐘《はんしょう》も設けられました。

ただし、消火技術が未熟なため、その活動は延焼をくいとめるために、風下の家屋を鳶口などで破壊して倒す、いわゆる破壊消防が主流でした。

火災後の復興と防火対策

火災が発生した後の復興も重要な課題でした。江戸幕府は火災後の復興計画を迅速に実施し、被災者の救援や都市の再建を行いました。また、火災の再発を防ぐために、建物の配置や構造に関する規制も強化されました。特に、江戸城周辺や重要な道路沿いには防火壁や防火帯が設けられました。

遊廓などのお店や人が集まる歓楽街は、延焼を防ぐために道幅を広くするなどの工夫も施されました。

江戸時代の消防と防災は、このような多くの人々の努力と工夫によって支えられていたのです。これらの取り組みは江戸の都市安全を守るだけでなく、現代の防火対策、消防システムにも大きな影響を与えています。

捕り物

江戸時代の警察機能は武士と町人が協力し、治安維持と秩序の確立を図った！

江戸時代の警察機能は、武士階級と町人階級が協力して行っていました。治安維持のための仕組みは中央政府である幕府と各藩によって整備され、それぞれの地域に適した方法で運用されました。

奉行所と役人

江戸時代の都市部では、町奉行所が警察機能を担っていました。町奉行所は行政、治安維持、犯罪捜査、裁判など市政全般を担う役所で、町奉行がその長を務めました。町奉行の下には与力《よりき》や同心《どうしん》といった役人が配置され、実際の捕《と》り物《もの》や治安維持の任務に当たっていました。

与力は町奉行の補佐役であり、同心は与力の指揮のもとで具体的な捜査や逮捕を行いました。

捕り方は犯罪者の逮捕や取り調べを行う実務者で、町奉行所の同心や岡《おか》っ引《ぴき》などが含まれました。岡っ引は同心に私的に雇われた民間の協力者で、町内の治安維持や情報収集に重要な役割を果たしました。

捕り方は、犯罪者を捕らえるための特別な道具を使用しました。代表的なものに刀などの武器に対抗し、取りおさえるための刺又《さすまた》、突棒《つくぼう》、袖搦《そでがらみ》や、犯罪

捕り物

者を捕縛するための捕縄《とりなわ》などがありました。これらの道具は、犯人を傷つけずに捕らえるための工夫が施されていました。

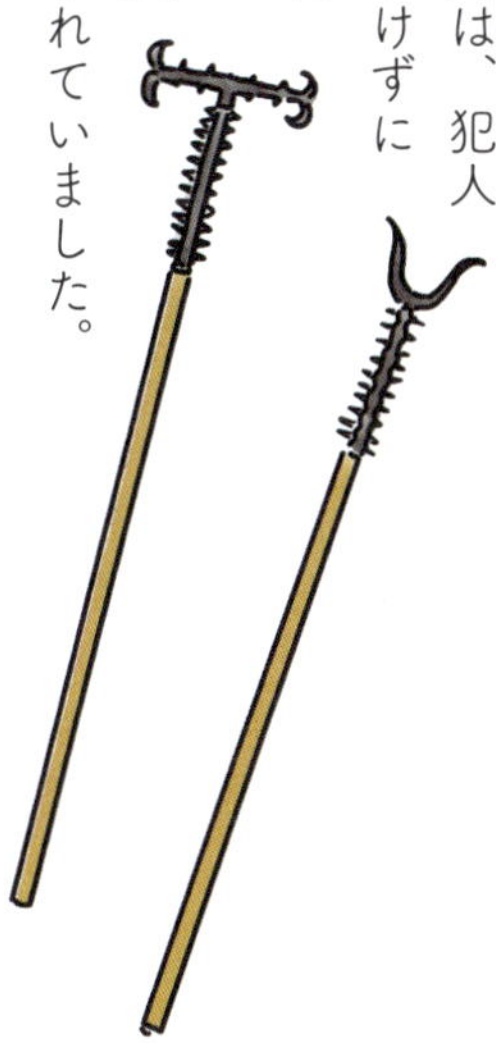

奉行所と役人

町人地区では、町役人が治安維持に大きな役割を果たしました。町役人は町の自治組織である町内を監督し、町内の住民たちは、互いに協力しながら自分たちのコミュニティを守りました。

そして、犯罪の取り締まりは奉行所の役人が中心となって行いました。特に盗賊や強盗などの重犯罪は厳しく取り締まり、捕縛された者には厳しい刑罰が与えられました。捕縛された犯罪者は奉行所で取り調べを受け、証拠が揃えば裁判にかけられ、必要な判決が下されました。現代の刑法は犯罪者の更生に重きを置いていますが、江戸時代は犯罪者には容赦のない罰が与えられました。

治安維持のための工夫

江戸時代の警察機能には、犯罪の予防と治安維持のための様々な工夫が施されていました。たとえば、夜間の見回りを行う夜警《やけい》があり、町内を巡回して不審者の取り締まりを行いました。また、五人組《ごにんぐみ》制度が導入され、五戸《ごこ》の家族が互いに監視し合うことで犯罪の発生を防止しました。このように、江戸時代の警察機能は、武士階級と町人階級が協力して治安維持を図るシステムが整えられていました。

江戸時代の警察機能は、様々な人々が協力し、犯罪の予防と取り締まりを通じて秩序の維持を図るものでした。この仕組みは治安維持と地域の連帯感の強化に寄与し、江戸時代の平和と安定を支えていたのです。

お白州

江戸時代の裁判制度は、「お白州《しらす》」がその象徴だった！

江戸時代の裁判は、町奉行所などで行われた「お白州《しらす》」を舞台に展開されました。お白州とは、江戸時代の裁判が行われた場所のことを指し、ここで町奉行が関係者を直接問いただし、証言や証拠に基づいて裁定を下しました。

ちなみに裁判の公開性については現代とは異なり、江戸時代の裁判は庶民が見学できる場で行われたわけではありません。お白州での裁判は、一見すると公開裁判のようにも見えますが、実際には奉行所や役所の厳しい管理下で行われたものであり、見物人の集まりなどは許されませんでした。

奉行所とお白州の運営

江戸の町奉行は、寺社奉行、勘定奉行とともに三奉行と呼ばれました。「南町奉行所」と「北町奉行所」の二つが月番制で担当し、それぞれ町奉行が統括していました。町奉行は行政、治安維持、裁判など広

お白州

範な職務を担い、その中で裁判は重要な役割を果たしました。お白州では、町奉行が自ら裁きを下すこともあれば、下級役人が調査や記録を担当することもありました。

　裁判の場には、訴えを起こした原告、訴えられた被告、証人、奉行や役人が揃い、事実確認が行われました。証言や証拠の提出が行われたのち、奉行が判決を下します。この過程では、「吟味《ぎんみ》」と呼ばれる取り調べが行われることがあり、鞭《むち》や抱石《だきいし》といった拷問が用いられることもありました。とくに重罪が疑われる場合は、真偽を確かめる手段として拷問が合法とされていたのです。

民事と刑事の区別が曖昧

　江戸時代の裁判では、今日のような民事裁判や刑事裁判といった区分は存在しませんでした。例えば、土地の境界を巡る争い（現代でいう民事裁判）も、盗難事件や暴行事件（刑事裁判に相当）も、同じお白州で裁かれました。このため、裁判の進行は事件の性質や複雑さに応じて異なり、時には双方の和解を促すことで解決が図られることもありました。

　また、奉行所の裁判では庶民間の争いだけでなく、商人や武士、農民などの訴訟も扱われました。このような幅広い案件が一つの場で処理されるため、裁判の効率性と迅速な判断が重視されていました。

お白州の象徴とその後

　お白州は、江戸時代の司法を象徴する場でした。白い砂利に囲まれた空間は、裁きを受ける人々に緊張感を与えるだけでなく、秩序の維持を視覚的に象徴する役割も果たしていました。一方で、この場では奉行や役人の裁量が大きく、現代に比べると厳密な法の適用がなされていなかった点も否めません。

　明治維新後、江戸時代の奉行所やお白州は廃止され、西洋法の導入とともに近代的な司法制度が整備されました。しかし、江戸時代のお白州の記録は、当時の日本社会の秩序維持や権力構造を知る重要な資料として残されています。

大奥

大奥《おおおく》には女性たちの複雑な社会が！

大奥《おおおく》とは江戸城内に設けられた徳川将軍家の女性たちが暮らす区域のことで、外部から厳重に隔離されていました。大奥は将軍の正妻である御台所《みだいどころ》をはじめ、側室や奥女中、使用人など、多数の女性たちで構成され、華やかで権力が集中する場所の一つとして知られていました。

大奥の役割と構造

大奥の役割は、将軍家の子孫を残すこと、将軍家の女性たちの生活を支えることでした。御台所は将軍の正妻として大奥の頂点に立ち、政治的な役割も果たすことがありました。

また、側室たちは将軍の子を産むことを期待され、その地位も出産や将軍からの寵愛《ちょうあい》によって左右されました。そして奥女中たちは様々な役職に就いて、幕府の日常の運営を支えました。

大奥

大奥の日常生活

大奥の生活は、厳しい規律と豊かな文化活動に彩られていました。女性たちは茶道や和歌などの教養を身につけるための学びを続け、また、豪華な着物や装飾品を身につけることが許されていました。

しかし、大奥の女性たちは、将軍との関係に運命を大きく左右されました。将軍の寵愛を受けることで、側室やその子どもが将来の将軍になる可能性が生まれたからです。そのため、大奥内では女性たちの地位や権力を巡る争いが絶えず、情報戦や策略が日常茶飯事だったようです。

外部との関係

大奥は外部から隔離されていたため、情報の流通が制限されていました。しかし、外部の政治家や権力者たちとの連絡は、大奥内の権力者を通じて行われました。また、大奥内の情報や噂は、江戸の町に広まることもあり、庶民の興味を引く話題にもなっていました。大奥は江戸時代の社会において特別な存在であり、その影響力は計り知れないものでした。

以下に大奥の中から歴史的に有名な人物をいくつか紹介します。

●**春日局《かすがのつぼね》**……明智光秀の家臣であった斎藤利三の娘で、徳川家光の乳母《めのと》として知られる人物です。徳川家に仕えてから家光を三代将軍として盛り立て、大奥の制度を確立する際に重要な役割を果たしました。

●**桂昌院《けいしょういん》**……五代将軍徳川綱吉の母として知られています。彼女の息子である綱吉が将軍となった際に、その後見人として大奥で権力を握り、多くの政治的決定に影響を与えました。

●**天璋院《てんしょういん》**……十三代将軍徳川家定の正室として知られ、元は薩摩藩の島津家出身で、「篤姫《あつひめ》」の名でも有名です。幕末の混乱期において幕府を支え、徳川家の存続に尽力しました。

大江戸万歳！
江戸を感じる名所！の巻
ここで今に江戸を感じる東京名所を教えやしょう
天下普請
江戸城だった皇居は代表例ですが……
五街道の起点として栄えた日本橋
江戸風情が色濃く残る浅草
徳川家の菩提寺《ぼだいじ》上野の寛永寺《かんえいじ》と
芝の増上寺《ぞうじょうじ》
皆さんもぜひ一度行って見てください！

第二章

蔦屋重三郎と出版文化

蔦屋重三郎

蔦屋《つたや》重三郎《じゅうざぶろう》は数多くのヒット作を世に送り出した江戸時代の偉大なメディア王！

蔦屋重三郎《つたやじゅうざぶろう》は、一七五〇（寛延三）年に江戸で生まれました。重三郎の幼少期と家族背景についてはよく知られていませんが、吉原仲之町の引手茶屋《ひきてちゃや》に関連しているとされています。

そして、重三郎は若い頃から本に興味を持ち、二十代半ばで吉原の大門前に本屋を開業。当初は吉原遊廓の詳しい地図、案内を作っていましたが、その後、出版の道を選んだようです。そして多くの書籍や浮世絵を世に送り出し、ヒットメーカーとなりました。

出版業界での成功

蔦屋重三郎の最初の成功は、吉原遊廓の案内書『吉原細見《よしわらさいけん》』を出版したことでした。これは江戸吉原の情報を小冊子にまとめたもので、多くの人々に人気を博しました。

その後、重三郎は版元兼書店「耕書堂《こうしょどう》」を基点に、新人作家や浮世絵師を積極的に発掘。大人向けの絵入り娯楽本である黄表紙や洒落《しゃれ》本（64ページ）、版画の出版に力を入れ、豪華な装丁や挿絵を施した本を数多く制作して多くの読者を魅了しました。

人気作家とのコラボレーション

重三郎は多くの才能ある作家や絵師と共に、江戸時代の出版文化と後世に影響を与えました。

蔦屋重三郎

●**山東京伝《さんとうきょうでん》**……洒落本や黄表紙の作者で、重三郎の重要な協力者です。重三郎は京伝の洒落本や黄表紙を積極的に出版し、庶民の間で大人気となりました。

●**恋川春町《こいかわはるまち》**……黄表紙作家、浮世絵師です。重三郎が手がけた春町の作品は広く流通し、江戸の多くの読者に愛されました。

●**喜多川歌麿《きたがわうたまろ》・東洲斎写楽《とうしゅうさいしゃらく》**……ともに江戸時代に活躍した浮世絵師です。重三郎は才能ある浮世絵師を見出し、彼らの作品を出版することで浮世絵を世に広め、江戸の美術の発展に寄与しました。

●**須原屋市兵衛《すはらやいちべえ》**……江戸時代を代表する出版人です。重三郎と同時代に活躍し、それぞれ娯楽と蘭学の分野で業績を上げ、江戸の出版文化を広めました。重三郎と市兵衛は競争しつつも、互いの存在が出版業界全体の発展を促進する要因となりました。

蔦屋重三郎の遺産

重三郎は松平定信《まつだいらさだのぶ》が主導した「寛政《かんせい》の改革」による風紀の引き締めで世相批判や風刺の強い出版物に規制がかかるなど経済的な困難にも直面しましたが、その都度、創意工夫と情熱で困難を乗り越えました。

彼は単なる出版業者ではなく、江戸時代の文化発展に寄与した偉大な「メディア王」として、その名を歴史に刻んだのです。

天明文化

天明《てんめい》年間は、多彩な芸術と学問が発展し、庶民文化がさらに花開いた時代！

天明《てんめい》文化は、江戸時代後期の一時期である天明年間（一七八一～一七八九年）を中心に発展しました。主に都市部を中心に庶民や町人によって栄え、江戸や上方（大坂・京都）を舞台に花開きました。

天明文化は元禄文化、化政文化と並び、江戸時代における黄金期とされ、活気あふれる庶民の生活と風俗が反映されました。

天明文化の特徴と背景

天明文化は、商人や町人といった都市の庶民階級が経済力を背景に文化的な担い手となったことで形成されました。この時代、商業の発展や貨幣経済の普及に伴い、都市部の庶民たちの生活が豊かになり、彼らは文化や娯楽に関心を寄せるようになりました。

そのため、天明文化は庶民の生活や感情を反映した娯楽的な要素が強く、浮世絵、狂歌、戯作《げさく》など、手軽に楽しめる美術や文芸が流行しました。

花開いた出版文化

天明文化を象徴するものの一つが、戯作《げさく》（庶民向けの娯楽文学）です。戯作には黄表紙（大人向けの絵入りの本）や洒落《しゃれ》本（遊里や恋愛を題材にした風俗的な読み物）などがあり、江戸や上方の庶民たちに広く親しまれました。戯作者の山東京伝《さんとうきょうでん》は、洒落本や滑稽本の分野で活躍し、庶民の喜怒哀楽を反映した作品を多く生み出しました。

また、戯作は庶民の生活風景や風俗を題材にしており、当時の江戸や上方の町並み、祭りや行事などが作品中に描かれ、庶民文化の豊かな息吹を感じさせてくれました。

天明文化

狂歌《きょうか》の流行

天明文化の時代には、「狂歌《きょうか》」と呼ばれるユーモアあふれる短歌も流行しました。狂歌は従来の和歌に風刺や皮肉を加えたもので、当時の社会問題や時事を題材に、庶民が自由に表現する手段として人気を集めました。狂歌師の大田南畝《おおたなんぽ》（四方赤良《よものあから》）などは、この分野で特に有名です。

狂歌は幕府の政策や上流階級を風刺する内容も多く、庶民の心の内を表すとともに、その影響力から体制批判と受け止めた幕府からの取り締まりの対象にもなりました。

浮世絵と歌舞伎

美人画で知られる喜多川歌麿《きたがわうたまろ》が活躍した浮世絵も天明文化の重要な一部です。喜多川歌麿は女性の美しさや流行のファッションを巧みに描いて庶民の人気を集めましたが、東洲斎写楽《とうしゅうさいしゃらく》は歌舞伎役者を独特のポーズとデフォルメした「大首絵《おおくびえ》」で描きました。写楽は正体がよくわからない、いわゆる覆面作家で活動期間もわずか十カ月ほどでしたが、後世に残る強烈な作品をこの世に残したのです。浮世絵は、当時の流行や庶民の感性を反映した視覚芸術でした。

また、歌舞伎も天明文化の時期に栄え、庶民にとって重要な娯楽の一つでした。歌舞伎は当時の流行や風俗を題材にし、豪華な衣装や派手な舞台演出で人気を博しました。この時期は、三代目澤村宗十郎《さわむらそうじゅうろう》と初代中村仲蔵《しょだいなかむらなかぞう》が著名な役者として活躍。宗十郎は豪快な演技で、写楽の作品にも描かれるほどの人気を誇りました。歌舞伎の演目には町人の生活や愛憎劇、忠義の物語などが取り入れられ、天明文化の時代に庶民の熱い共感を呼んだのでした。

寛政の改革

幕府の威信を取り戻すため、農政と道徳改革に着手した松平定信《まつだいらさだのぶ》の寛政《かんせい》の改革！

寛政《かんせい》の改革は江戸後期、松平定信《まつだいらさだのぶ》によって行われた幕府改革の一つです。田沼意次《たぬまおきつぐ》の政策により商業が活性化した反面、社会に混乱が生じ、一七八二（天明二）年からはじまった「天明の飢饉」も相まって民衆の生活が困窮しました。田沼に代わって老中となった定信はこれを憂慮《ゆうりょ》し、農村復興と道徳の強化を図る改革に着手したのです。改革は一七八七（天明七）年に始まり、約六年間続けられました。

農村復興と経済再建

一つ目の重要な政策は、「囲米《かこいまい》」です。これは、大名や農村に米の備蓄を義務づけ、飢饉に備えるものでした。また、農村の人口増加と復興を促すため、都市への出稼ぎを制限し、農民が農村に定住するように指導しました。こうして農業を活性化させることで米の生産量を安定させ、飢饉に備えたのです。

思想と文化の統制

寛政の改革では、思想統制も行われました。「寛政異学の禁」と呼ばれる政策では聖堂学問所での朱子学《しゅしがく》以外の学問を禁じ、幕府の正統な価値観を広めようとしました。また、「処士横議《しょしおうぎ》の禁」により武士や町人が幕府に対して意見を述べることが禁止され、批判的な書物の出版が制限されました。これには出版業界も大きな影響を受け、風俗小説や戯作《げさく》といった娯楽書籍も厳しく取り締まられました。

風紀の規制と蔦屋重三郎への影響

庶民文化への影響も大きく、遊廓や芝居小屋とい

寛政の改革

った娯楽の規制も強化されました。また、吉原以外の遊里である岡場所《おかばしょ》は徹底的な取り締まりを受け、すべて取りはらわれました。

これは、蔦屋重三郎などの出版業者にも影響を及ぼし、浮世絵や洒落《しゃれ》本を出版していた者たちは罰を受け、出版物が大きく抑制されました。重三郎が出版していた洒落本は遊女との会話を風刺的に描写した内容が多く、幕府から取り締まりを受けた代表的なジャンルでした。具体的な処罰は、黄表紙作家の恋川春町《こいかわはるまち》は江戸城への出頭命令（病気を理由に出頭しなかったが、その後に自害したという説もある）、洒落本作家の山東京伝《さんとうきょうでん》は手鎖《てじょう》五十日と自宅謹慎、版元の蔦屋重三郎は重過料（高額な罰金）というものでした。

この影響で彼の出版活動は大きく抑制されることとなり、寛政の改革によってそれまでの自由な出版文化も制約されることになりました。出版活動が制限されて苦境にあえいだ版元は数多く、蔦屋重三郎の出版事業にも一時的な困難が訪れたのです。

寛政の改革の終焉とその評価

寛政の改革は農村復興や財政安定を目指していましたが、厳しい取り締まりや思想統制は社会を混乱に陥れました。儒教の一派である朱子学のみを推奨する政策は知識人層の反発を招き、節約の徹底は経済活動を停滞させて商人層や庶民に不満を生じさせたのです。結果的に、松平定信は辞職を余儀なくされて幕府の威信も弱まり、改革は効果を十分に発揮できないまま、六年で終わりを迎えました。

しかし、それでも一部の政策は後の時代にも影響を与え、特に囲米の制など「備荒貯蓄《びこうちょちく》」の政策は後年の飢饉対策に繋がるなどの成果もありました。

吉原遊廓

吉原遊廓は江戸文化の象徴の一つで、多くの芸術や社会現象を生み出した！

吉原遊廓は、一六一七（元和三）年に設立された江戸幕府公認の遊廓です。最初は日本橋にありましたが、一六五七（明暦三）年の大火後、浅草に移転しました。この移転により、吉原は「新吉原」とも呼ばれるようになりました。吉原は周囲を高い塀と堀に囲まれ、大門が唯一の出入口でした。内部には多くの引手茶屋や妓楼などがあり、豪華な装飾が施された建物が立ち並んでいました。

吉原は江戸の治安維持と風紀の統制を目的として設立されましたが、同時に多くの文化や娯楽が生まれる場ともなったのです。

遊女たちの生活と階級

吉原遊廓には多くの遊女《ゆうじょ》が働いており、彼女たちは厳しい階級制度のもとで生活していました。上級の遊女である花魁《おいらん》は美しい着物をまとい、芸事や教養を身につけて客をもてなしました。彼女たちは富裕層の客を相手にし、下級の遊女たちは、より一般的な庶民を相手にして、厳しい労働環境の中で働いていました。

文化と芸術の発信地

吉原は単なる娯楽施設にとどまらず、様々な文化と芸術の発信地としても重要な役割を果たしました。蔦屋重三郎の出版物には吉原を舞台にした風俗画や戯作《げさく》が含まれ、これらは吉原の風情や遊女の生活、当時の世相などを人々に伝える役割を果たしました。

吉原遊廓

手掛けた作品は江戸時代の美意識や価値観にも影響を与え、喜多川歌麿や葛飾北斎などの浮世絵に描かれる吉原の遊女たちの姿は、現在も日本美術の象徴の一つとして評価されています。

また、歌舞伎や文楽といった舞台芸術も吉原と深く結びついて発展しました。町人生活や遊廓での人間模様が描かれた「世話物《せわもの》」と呼ばれる作品は、庶民に人気でした。『籠釣瓶花街酔醒《かごつるべさとのえいざめ》』『網模様燈籠菊《あみもようとうろうのきく》桐《きり》』などが歌舞伎作品として有名です。

経済への影響

吉原遊廓は、江戸の経済にも大きな影響を与えました。多くの客が訪れることで周辺の商業活動が活発化し、飲食業や娯楽産業が発展しました。また、遊女の衣装や装飾品、日用品などの需要も高まり、関連する産業が盛んになりました。吉原の繁栄は、江戸の都市文化の発展に寄与しました。

遊廓は文化の交流と発展の場でもありました。遊女たちの芸事や教養は客に影響を与え、文化の普及にも寄与しました。これにより、江戸時代の文化が多様化し、庶民の生活にも影響を与えたのです。

細見

「細見《さいけん》」は遊廓の案内書として、吉原文化の普及に貢献した！

「細見《さいけん》」は、妓楼や遊女に関する情報をまとめたガイドブックのようなものでした。細見は吉原に初めて訪れる客や、遊女に関心を持つ人々のために作られ、遊女たちの顔ぶれや料金、遊郭内の施設が詳しく記載されていました。

細見の登場により、遊廓での遊び方や選び方がわかりやすく整理され、多くの人々が利用しました。

細見の内容と形式

細見の内容は多岐にわたり、遊女の情報がもっとも重要な要素でした。具体的には、以下のような情報などが記載されていました。

●妓楼と遊女の情報……吉原に軒を並べる妓楼の屋号、それぞれの妓楼に所属する遊女の名前や階級、揚代《あげだい》（料金）が紹介されていました。その他にも、芸者や幇間《ほうかん》（酒宴の興を助ける男芸者）の名前も記載されていました。

細見

●**遊廓内の地図や店舗情報**……吉原遊廓をはじめとする遊廓内の配置や、茶屋や料理屋などの施設案内も細見の特徴的な要素でした。初めて訪れる客にとって、どの店舗を選ぶべきか、どのようなルートで遊べばよいかなどが示されていました。

●**料金や遊び方**……遊廓での料金体系についても記載されていました。遊廓での過ごし方には暗黙のルールがあり、それを守ることでスムーズに楽しむことができました。細見は、こうしたルールを理解する助けともなりました。

●**ガイドブック**……『遊女評判記』という一種のガイドブックがありました。上級の遊女について、その容姿や性格、得意な芸事まで記したもので、いわば『吉原細見』の前身ともいえるものです。吉原で太夫という称号が廃止されるのとほぼ時を同じくして、『遊女評判記』は刊行されなくなりました。

細見の制作と出版

細見は、江戸時代の出版文化の中で重要な位置を占めていました。これらは主に「版元」(72ページ)と呼ばれる出版業者によって作られ、江戸の書店や遊廓の近辺で販売されました。有名な版元としては、鱗形屋《うろこがたや》孫兵衛《まごべえ》や蔦屋重三郎、玉屋山三郎《たまやさんざぶろう》などが挙げられます。彼らは遊廓文化に精通し、細見を通じてその魅力を広く伝えました。

また、細見は一定期間ごとに内容を更新し、新しい遊女や施設の情報を反映させる形で発行されていました。特に吉原では、季節ごとのイベントや新しくデビューした遊女の情報が盛り込まれ、訪問者の興味を引きました。

細見がもたらした文化的影響

細見は遊廓文化を記録し、広めるだけでなく、江戸時代の文化的発展にも大きく貢献しました。例えば、細見をきっかけに、遊女たちの美しさや華やかさが浮世絵や文学作品に反映されました。喜多川歌麿や歌川派の浮世絵師たちが、遊廓の風景や遊女の姿を描き、多くの人々に影響を与えました。

また、細見に記載された情報は、後の歴史研究においても貴重な資料となっています。細見に記載された遊女たちの情報は、現代において江戸時代の風俗や文化を知る重要な資料として評価されています。

草紙

草紙は「仮名草子《かなぞうし》」から「浮世草子《うきよぞうし》」へと広がっていった！

江戸時代の「草紙《そうし》」とは、江戸時代に広く読まれた大衆文学の総称で、初期には「仮名草子《かなぞうし》」とも呼ばれていました。草紙は漢文が主流だった時代において庶民が親しみやすい形で書かれたもので、日常生活や身分制度にとらわれずに楽しめる内容が多かったことから、幅広い読者層に支持されました。

仮名草子の内容とジャンル

仮名草子は庶民の間で広く読まれた絵入りで仮名書きの平易な読み物で、室町時代後期から江戸時代にかけて、徐々にその形が定まっていきました。

仮名草子の代表的な作品には、ユーモラスでありながら学びも得られた如儡子《じょらいし》の『可笑記《かしょうき》』や、都市の風俗や人々の姿を描き出した浅井了意《あさいりょうい》の『浮世物語』などがあります。教訓的なものから娯楽的なものまで様々な作品が生み出され、娯楽作品としての発展を遂げていきました。

浮世草子への発展

江戸中期に入ると、上方（京都や大坂）を中心に、町人の生活や恋愛、庶民の生活をリアルに描写したものが主流になってきて、それらの作品群は「浮世《うきよ》草子《ぞうし》」と呼ばれるようになります。浮世草子の代表的な作家に井原西鶴《いはらさいかく》がいますが、西鶴の『好色一代男《こうしょくいちだいおとこ》』は江戸時代の大ヒット作になりました。西鶴は他にも江戸時代の男女の恋愛事情を鋭く表現した『好色五人女』や日本小説史上、初の本格的な経済小説とされる『日本永代蔵《にっぽんえいたいぐら》』などヒット作を次々と刊行。まさに江戸時代のベストセラー作家といえる傑出した作家でした。

浮世草子は、「好色物」「町人物」「気質物《かたぎもの》」など

草紙

のジャンルがあり、恋愛や町人文化、風俗、人物の身分や職業、性格をテーマに描き出し、庶民の大きな支持を得ました。

様々な草紙

江戸時代の草紙は、大衆の娯楽として多様なジャンルが存在しました。その中でも、滑稽本《こっけいぼん》はユーモアや風刺を交え、世相を面白おかしく描いた作品群として人気を集めました。十返舎一九《じっぺんしゃいっく》の『東海道中《とうかいどうちゅう》膝栗毛《ひざくりげ》』は、その代表的な作品であり、弥次《やじ》さん喜《き》多《た》さんの道中記を通して、江戸の風俗や人情をコミカルに描き出し、庶民の心を摑みました。

また、草双紙は絵と文章を組み合わせた作品で、赤本、黒本、青本、黄表紙など表紙の色によって内容が異なり、子供向けから大人向けの滑稽な物語まで幅広く扱われました。特に黄表紙は世相を風刺的に描いた作品が多く、滑稽本と並んで人気を博しました。

これらの様々なジャンルの草紙は、江戸時代の庶民の生活や文化を理解する上で重要な資料であり、現代においてもその魅力は衰えることがありません。特に、滑稽本に代表されるユーモアあふれる作品は、現代の漫画や小説など、様々なジャンルのエンターテインメントに影響を与えています。

なお、江戸時代後期になると「戯作《げさく》」という言葉がより広範囲な文学の総称として用いられるようになり、草紙もその中に含まれるようになりました。

本

江戸時代の「本」は、多様なジャンルと形式で庶民の知識と娯楽を支えた！

草紙が「本」と呼ばれるようになったのは、江戸時代中期以降のことです。十八世紀中頃以降、出版文化が発展すると書物の種類も増加。「洒落本《しゃれぼん》」「読《よみ》本《ほん》」など新しいジャンルも登場して、より広範な読み物として「本」という呼称が一般化してきました。たとえば天保期（一八三〇～一八四四年）当時の出版資料でも、「草紙」より「本」という言葉が優勢になる傾向が見られたようです。

道中記・旅行ガイド

江戸時代には参勤交代や巡礼、旅行が一般庶民にも普及し、旅行ガイドにあたる「道中記」が人気を博しました。宿場間の距離や旅籠《はたご》・茶屋の情報、名所案内が記載されており、『東海道名所図会《とうかいどうめいしょずえ》』『伊勢《いせ》参宮名所図会《さんぐうめいしょずえ》』などが代表例です。これらの道中記は現代の観光ガイドブックにあたり、旅の準備や道中の案内役を果たしていました。

園芸書・農書

江戸時代中期には、園芸や農業に関する指南書も数多く刊行され、園芸愛好家や農民の参考にされました。『花壇地錦抄《かだんじきんしょう》』『本草綱目啓蒙《ほんぞうこうもくけいもう》』などは植物の栽培方法や特性を紹介し、当時の流行である盆栽や庭園造りの指南書として広く読まれました。

また、稲作や農作物の栽培技術に関する農書も出版され、収穫向上に役立てられました。

教訓書・啓蒙書

道徳や教育を重視する江戸時代では、子どもや庶民に向けた教訓書や啓蒙書も数多く出版されました。『六諭衍義大意《りくゆえんぎたいい》』の和訳本などは道徳や礼儀を説くもので、家族や社会での行動規範を示す内容が含まれています。また、図解入りの百科事典『和漢三才図会《わかんさんさいずえ》』も人気がありました。

料理書・食文化書

食文化の発展とともに料理書も多く発行されました。『料理物語』『本朝食鑑《ほんちょうしょっかん》』などは料理のレシピや食材の知識をまとめており、家庭料理や茶の湯でのもてなし料理の作り方が紹介されています。こうした本によって、新たな食材や料理法を学ぶことができました。

武道書・兵法書・暦本《れきほん》・占い本

武士のための兵法や武術に関する書物も出版されました。江戸時代前期に著された宮本武蔵の『五輪書《ごりんのしょ》』や柳生宗矩《やぎゅうむねのり》の『兵法家伝書《へいほうかでんしょ》』などが有名で、これらは武士の精神と技術を記した指南書として珍重されました。

暦《こよみ》を基にした占いや吉凶判断を記載した暦本《れきほん》も出版されました。暦本は月の満ち欠け、二十四節気、一年間の吉凶日、天文現象などを記したもので、農耕や生活の指針として利用されていました。『古暦便覧《これきびんらん》』などの本が有名です。また、占い本は、特に陰陽道《おんみょうどう》に基づいたものが人気を集めました。

地誌・風土記

各地域の地理や風土、歴史に関する書物も出版され、紀行文学と重なるものもありました。『新編武蔵風土記稿《しんぺんむさしふどきこう》』『薩摩風土記《さつまふどき》』などが代表例で地理的、文化的な知識を深める目的で利用されました。

江戸時代の本は単なる知識伝達だけでなく、生活の様々な場面で実用的かつ娯楽的な役割も果たしました。出版業の発展によって書物は庶民にも広がり、文化の多様化とともに内容も細分化していったことが、江戸の文化をさらに豊かにしたのです。

浮世絵

浮世絵は江戸時代の庶民文化を反映し、多くの著名な絵師たちが活躍した！

浮世絵は、江戸時代に発展した日本独特の絵画様式で、主に木版画として制作されました。浮き世という現世の楽しみや日常生活を描き、庶民の生活や風俗、風景、美人、役者などが主なテーマとなりました。江戸時代の都市化と出版文化の発展、印刷技術の進化に伴って、浮世絵は庶民の手に渡りやすい形で広まっていったのです。

主な浮世絵のジャンル

浮世絵には多様なジャンルがあり、それぞれが異なる文化的・社会的役割を果たしていましたが、大きくは以下の三つに大別されます。

●**美人画**……女性の美しさを描いた美人画は、当時のファッションや美容の流行を反映し、上流階級や遊廓の女性を題材にした作品を数多く残しました。「ポッピンを吹く女」や「寛政《かんせい》三美人」などで知られる喜多川歌麿《きたがわうたまろ》は美人画の巨匠として名を馳せ、彼の描く女性は日本の美意識の象徴となっています。

●**役者絵**……江戸時代は歌舞伎が庶民の大きな娯楽であり、役者絵も人気のあるジャンルでした。歌舞伎役者の姿を描くことで、観客は舞台の雰囲気を日常に持ち帰ることができたのです。東洲斎写楽《とうしゅうさいしゃらく》が描く役者の上半身を描いた「大首絵《おおくびえ》」は、役者の内面や個性を強調した独特の表現で知られています。

●**風景画**……江戸時代後期になると、風景画が流行し始めます。これは、江戸の都市化や旅ブームを背景に各地の名所を描くことで、庶民が旅行気分を楽しむための手段でもありました。葛飾北斎《かつしかほくさい》の『冨嶽《ふがく》三十六景』『諸《しょ》国瀧廻《こくたきめぐ》り』や歌川広重《うたがわひろしげ》の『東海道五拾三次』などは、当時の風景画の代表作です。

浮世絵

浮世絵と庶民生活

浮世絵は単なる芸術作品ではなく、江戸時代の庶民の生活と密接に結びついていました。作品には当時の風俗や流行、祭り、季節の行事などが描かれ、庶民の娯楽や情報の手段としても活用されました。特に、「美人画」や「役者絵」には、当時のファッションや髪型、装飾品も精細に描かれており、流行の情報源としての役割も果たしていたのです。

また、「春画《しゅんが》」も浮世絵師たちによって数多く描かれました。春画とは性愛をテーマにした絵画や版画を指します。春画はユーモアや風刺を交えた表現も特徴的で、時には社会的な風刺や人間関係の複雑さもテーマにされました。

浮世絵の発展と影響

浮世絵は、十八世紀から十九世紀にかけて最盛期を迎えました。浮世絵の技術や作品は海外にも影響を与え、特にヨーロッパの印象派の画家たちに多大な影響を与えました。ドガやモネ、ゴッホなどが浮世絵の要素を取り入れた作品を生み出しています。

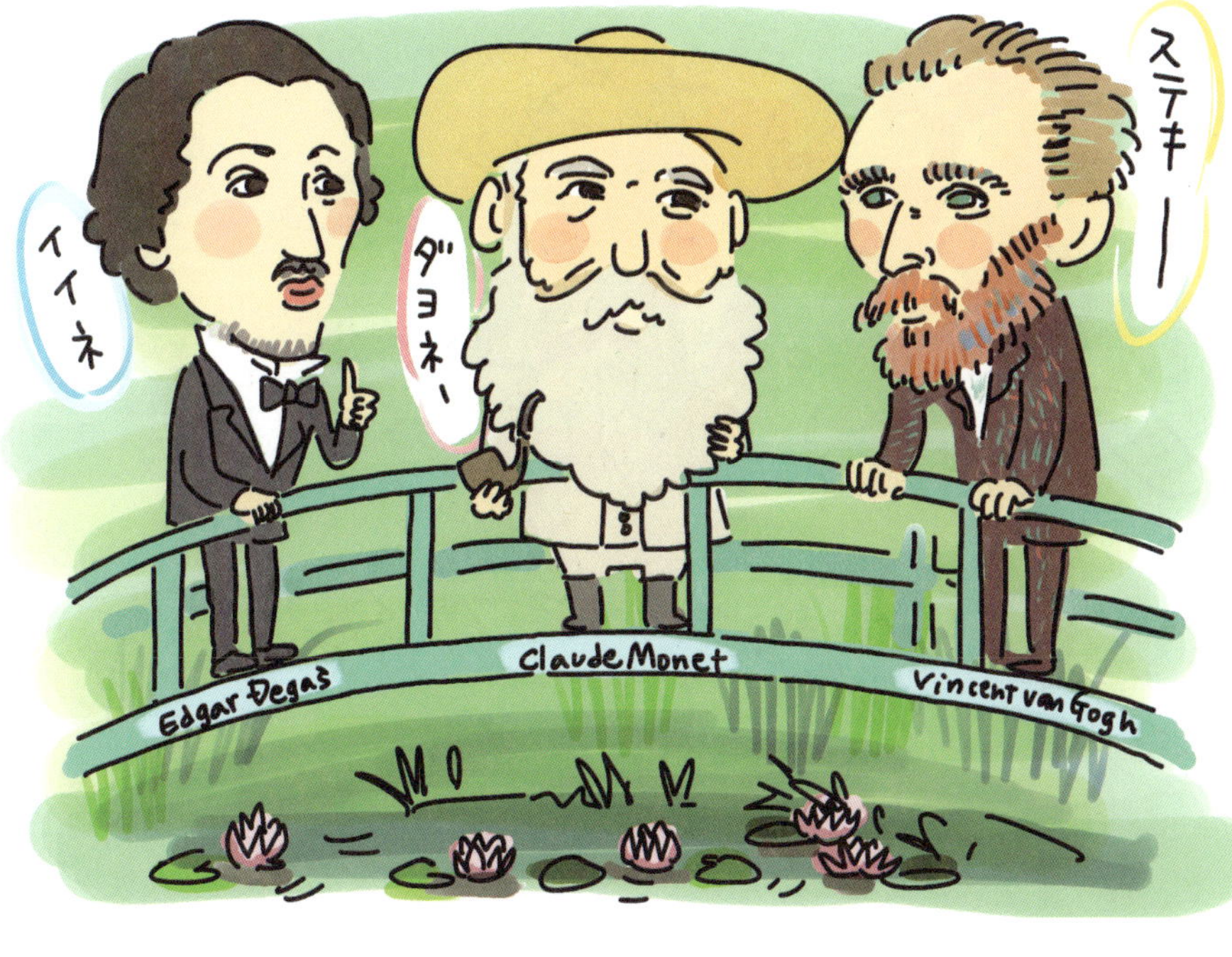

洒落本

洒落《しゃれ》本は遊女との会話や風俗を描き、ユーモアや風刺に富んだ作風で人気を博した！

洒落《しゃれ》本は江戸時代中期から後期にかけて出版されていた風俗文学で、特に遊廓の様子を描写し、滑稽《こっけい》や風刺を交えた娯楽小説です。内容は主に吉原遊廓などの様子を伝え、当時の男女のやり取りや、吉原での礼儀作法、粋な振る舞いなどをユーモラスに描きました。

洒落本の特徴と内容

洒落本の内容は、遊廓での礼儀や女性への接し方など、江戸の粋な生活の知識を面白おかしく伝えるものでした。たとえば、主人公が遊廓で女性とやりとりする様子や、宴《うたげ》の場面が細かく描写され、遊びの作法や会話の駆け引きが滑稽に描かれました。読者はそれを通して、単なる遊廓の情報以上に、当時の〝粋《いき》〟や〝洒脱《しゃだつ》〟といった江戸っ子の価値観や美意識を学び、楽しむことができました。

また、洒落本の文体にはユーモアが溢れており、

洒落本

風刺的な要素も多分に含まれていました。具体的には、権力を持つ上流階級の行動や社会のあり方に対する批判的な視点が、洒落や言葉遊びの形で表現されていたのです。洒落本の文章は口語に近い形で書かれており、読者にとってわかりやすく親しみやすいものでした。

有名な洒落本と作家

洒落本の代表的な人気作家に、山東京伝や朋誠堂《ほうせいどう》喜三二《きさんじ》などがいます。京伝は『仕懸文庫《しかけぶんこ》』や『江《え》戸生艶気樺焼《どうまれうわきのかばやき》』といった作品で江戸の遊廓や風俗を細かく描写し、洒脱な会話と情景描写で町人層から絶大な支持を受けました。一方、喜三二も『当世風《とうせいふう》俗通《ぞくつう》』などのヒット作があり、風刺とユーモアをもって江戸の人情や風俗を表現し、特に吉原での自身の体験を生かした独自の作風で人気を博しました。

出版の規制と洒落本の終焉

洒落本は江戸の風俗文学として隆盛を極めましたが、寛政の改革により幕府からの規制が強化されました。改革を主導した松平定信は、町人文化の拡大が幕府の秩序を乱すと考え、特に風俗を描いた洒落本や黄表紙に対して厳しい制約をかけました。

山東京伝はその作品が風紀を乱すとされて罰せられ、その作品も絶版に追い込まれることになります。この事件をきっかけに、多くの洒落本作家が筆を折るか、内容を大幅に修正するなどして存続を図りましたが、洒落本としての勢いは大きく後退しました。

洒落本の影響とその後

洒落本は、後の日本文学においても一定の影響を残しました。たとえば、滑稽本や人情本など、江戸時代後期から明治時代にかけて発展する娯楽文学には、洒落本のユーモアや風刺の手法が受け継がれています。

また、洒落本が描いた遊廓や町人文化は、当時の生活様式を今に伝える貴重な資料となっています。

読本

「読本《よみほん》」は娯楽と教育を兼ね備えた読み物として多くの人々に親しまれた！

江戸時代の「読本《よみほん》」は文章を読むことを重視した娯楽文学で、江戸後期に流行した伝奇小説の一形式です。中国の『水滸伝《すいこでん》』や『西遊記《さいゆうき》』などの物語に影響を受けて、伝奇性や武勇伝を盛り込んだ壮大な物語の読本が数多く生み出されました。

読本の歴史と特徴

読本は江戸時代中期以降に発展した文学ジャンルで、内容の深さや教訓性を追求しながら、長編物語として確立されました。江戸では十八世紀後半から天明・寛政期にかけて本格的に発展し、黄表紙などの大衆文学とは異なる知識層や教養人向けのジャンルとして位置付けられました。

この時期の読本は、現実の歴史や社会問題を背景に、奇想天外な事件や超自然的要素を加えた物語が特徴です。また、登場人物の心情や行動を詳述することで、物語に深みを与えました。

著名な読本作家と作品

読本の代表的な作家に、曲亭馬琴《きょくていばきん》がいます。馬琴の長編小説『南総里見八犬伝《なんそうさとみはっけんでん》』は、江戸時代に爆発的人気を博しました。馬琴は物語の中で〝忠義〟や〝仁義〟などの儒教的な価値観を織り交ぜて読者に教訓を与える一方で、冒険や奇跡を交えた壮大なストーリーを描きました。馬琴の読本は当時の人々にとって一種の道徳教科書でもあり、物語のエンターテイメント性と教訓が合わさった作品として評価されたのです。

また、柳亭種彦《りゅうていたねひこ》のような人気作家も登場しました。種彦の『偐紫田舎源氏《にせむらさきいなかげんじ》』などでは源氏物語の要素を

読本

取り入れつつ、恋愛を絡めた物語で読者の人気を集めました。読本全般は歴史や伝奇、超自然的な物語が一般的でしたが、この種彦作品のように、庶民の生活や社会風俗を巧みに取り入れ、読者に親近感を与えるような作品も生まれています。

出版の背景と規制

読本は都市部の出版業者によって大量に出版され、一般庶民にも手が届く価格で提供されていました。とりわけ江戸の出版業界の発展に伴い、様々な版元が競い合って人気作品を売り出しました。しかし内容が時に権力や社会風刺を含むものもあったため、幕府による出版規制が強まることもありました。特に、寛政の改革以降は直接的な風刺や刺激的な内容は控えられるなど、内容や表現に配慮が必要になったため、作家たちは創作活動に工夫を凝らすことを余儀なくされたようです。

読本の意義と後世への影響

読本は教養のある層を中心に読まれた文学形式で、庶民にも一部普及しましたが、難解な漢字や内容のため読者層は限定的でした。当時の寺子屋教育によって町人層や農民層の識字率は大きく向上していましたが、それでも読本の内容を理解するには高度な教養が必要だったようです。

江戸時代の読本は単なる娯楽書ではなく、教養と道徳を兼ね備えた一つの文化的な象徴でした。また、教訓を盛り込んだ内容は近代日本の教育や文学にも影響を及ぼしました。近代以降も日本の読書文化において物語の中で教訓を伝える形式が続いており、読本はその起源の一つともいえます。

狂歌

風刺とユーモアを織り込んだ狂歌《きょうか》は、庶民から武士まで幅広く親しまれた！

狂歌《きょうか》は和歌の形式を用いながらも、風刺やユーモアを織り交ぜた詩の一種で、いわば和歌のパロディのようなものです。江戸時代に流行し、その自由な表現と軽妙な内容から多くの人に親しまれました。

狂歌は五・七・五・七・七の三十一音で構成される短歌形式を採用しながらも、その内容は日常の出来事や社会の風潮を風刺するものが多く、笑いや皮肉を交えた表現が特徴です。

狂歌の代表的な作家

狂歌の代表的な作家として、「狂歌三大家」と言われる四方赤良《よものあから》（大田南畝《おおたなんぽ》）、唐衣橘洲《からころもきっしゅう》、朱楽菅江《あけらかんこう》などが挙げられます。特に四方赤良は幕府の役人として働きながらも、独自の観点から社会を風刺する狂歌を数多く残しています。三大家とともに「狂歌内天王」の一人とされた宿屋飯盛《やどやのめしもり》（石川雅望《いしかわまさもち》）も、狂歌で庶民の生活や心情を巧みに表現しました。

また一部の狂歌師や歌舞伎役者、蔦屋重三郎たちは、それぞれ「狂歌連」と呼ばれる集団を作り、共通のテーマで狂歌を詠み、発表することで互いの作品を競い合うこともありました。

狂歌のテーマと内容

狂歌のテーマは非常に多岐にわたります。政治や社会の不満を皮肉ったもの、日常の風景や出来事をユーモラスに描いたもの、さらには恋愛や人間関係を題材にしたものまで様々です。役人の不正を風刺することもありましたが、当時の人々にとっては現実の厳しさを笑い飛ばす手段であり、社会の矛盾を鋭く指摘する手段でもありました。

狂歌の影響と普及

狂歌は、その親しみやすさとユーモアから庶民の間でも広く受け入れられました。江戸時代には、狂

狂歌

歌を詠むことが一種の趣味として広まり、多くの狂歌集が出版されました。特に有名なのは、蔦屋重三郎が手がけた狂歌絵本三部作で、すべて喜多川歌麿の絵が添えられた『画本虫撰《えほんむしえらみ》』『潮干《しおひ》のつと』『百千《ももち》鳥狂歌合《どりきょうかあわせ》』です。

また、狂歌の影響は浮世絵や風刺画などの視覚芸術にも及びました。たとえば、葛飾北斎や歌川広重などの浮世絵師は、狂歌のテーマを取り入れた作品を多く残しています。

狂歌の文化的意義

狂歌は庶民の娯楽であると同時に、社会への批判や皮肉を込める手段でもありました。厳しい統制が敷かれていた江戸時代、庶民にとって自由な言論活動が難しい状況で、狂歌は風刺の場としても機能しました。庶民には圧政とされた寛政の改革の時代に、こんな狂歌が傑作として残されています。

「白河《しらかわ》の清《きよ》きに魚《うお》も棲《す》みかねて　もとの濁《にご》りの田沼《たぬま》恋《こい》しき」

作者は不明ですが、この狂歌は時の権力者で白河藩の藩主でもある松平定信《まつだいらさだのぶ》と前任の田沼意次《たぬまおきつぐ》を対比して風刺したものです。この句では、定信の厳しい寛政の改革が清廉《せいれん》すぎて人々が住みにくくなり、汚職があったものの庶民には住みやすかった田沼時代を懐かしむ心情が込められています。

歌川広重《うたがわひろしげ》

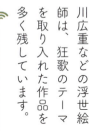

俳諧と川柳

俳諧《はいかい》と川柳《せんりゅう》は日常の風景や人々の心を巧みに表現する文化として庶民に親しまれた！

俳諧《はいかい》は日本独自の詩の形式で、古くより貴族などに親しまれた連歌から派生したものです。特に「俳句」として知られる短詩形式を中心に展開され、庶民の間で広く楽しまれました。俳諧のもととなった連歌は、五・七・五の十七音からなる「発句《ほっく》」と、五・七・五・七・七の三十一音からなる「付句《つけく》」から成り立ちます。

俳諧《はいかい》の発展と庶民への浸透

俳諧は江戸時代に大きく発展し、庶民に愛されました。松尾芭蕉《まつおばしょう》が『奥の細道』などを通じて詩的な美と風景描写を重んじる俳諧を築き上げ、俳諧を文学の域にまで引き上げたのです。芭蕉の影響により、自然や季節感、日常の情景を詠《よ》むスタイルが普及し、多くの俳諧師が活躍しました。庶民もまた俳諧を通じて日々を楽しみ、風流を味わう機会を得たのです。

江戸時代の代表的な俳諧師には松尾芭蕉の他、絵画的な詩風を持つ与謝蕪村《よさぶそん》や、庶民的な視点でユーモラスな作品を多く詠んだ小林一茶などがいます。

川柳《せんりゅう》の誕生と庶民の表現

一方、川柳《せんりゅう》は俳諧の「前句付《まえくづけ》」（連歌・俳諧における付け合いのこと。七・七の下の句のお題に五・七・五の上の句を付けて短歌の形にすること）と呼ばれる遊びが発展したもので、「川柳の祖」とされる柄井川柳《からいせんりゅう》という俳諧師が江戸中期にこの形式を確立しました。五・七・五の形式を維持しながらも庶民の風刺やユーモアを交え、自由な発想で詠むことが特徴です。川柳は主に日常生活や人間の滑稽《こっけい》な面を題材にしており、江戸時代の人々の笑いや鋭い観察力を反映しています。

川柳の内容と社会風刺

川柳は、日常の出来事や人々の行動をコミカルに

俳諧と川柳

表現するだけでなく、社会への皮肉や批判を込めることも多くありました。江戸時代は身分制度が厳格でしたが、川柳はその枠を超えて、庶民が自由に意見を表現する場となっていたのです。

川柳お題「うんのよいこと　うんのよいこと」
前句付「役人の子は　にぎにぎをよく覚え」

この作品例のように、時には武士や役人を風刺する内容も見られ、川柳は庶民の声を代弁する媒体でもありました。江戸の市井《しせい》の人々が抱える小さな悩みや不満、社会矛盾を面白おかしく詠むことで共感を呼んでいたのです。柄井川柳が庶民に作品を応募させて編集した川柳集『誹風柳多留《はいふうやなぎだる》』は、川柳の存命中に二十四冊も出されるほど人気を博し、川柳は江戸市民の間で急速に広まりました。

俳諧と川柳の違いと共通点

俳諧と川柳は、いずれも五・七・五の形式を持ちながら内容や目的が異なります。俳諧は自然や季節感を重視し、詩的な美を追求する傾向がある一方で、川柳は日常のユーモアや皮肉を中心とし、庶民の現実を映し出すものとして親しまれました。

古池や
蛙飛びこむ
水の音
芭蕉
われと来て
遊べや
親のない雀
一茶
春の海
ひねもす
のたり
のたりかな
蕪村

版元

「版元《はんもと》」は出版の企画、制作から販売まで全過程を管理して出版文化を盛り上げた！

江戸時代、出版物の需要が増す中で、「版元《はんもと》」と呼ばれる出版社が多くの本を世に送り出しました。版元は現代の出版社に近い役割を果たし、出版物の企画から販売まで一貫して担当――江戸時代後期には浮世絵、黄表紙、読本など多種多様な出版物を取り扱う版元が増え、出版文化が花開きました。なお、江戸と関西の版元は、それぞれの地域で異なる文化や需要に応じた出版物を制作し、内容やスタイルにおいても特色が見られました。

江戸の代表的な版元とその活動

江戸の版元は商業都市としての江戸の性格に合わせ、庶民向けの娯楽作品や実用・教養書が中心でした。その中で、もっとも有名な版元の一つが蔦屋重三郎の「耕書堂《こうしょどう》」です。重三郎が浮世絵や庶民文学を手がけ、当時の人気作家を多数輩出したのはこれまでの解説通りですが、耕書堂にはまた多数のライバル版元と名編集者がいました。

重三郎の師匠でもある鱗形屋孫兵衛《うろこがたやまごべえ》の「鶴鱗堂《かくりんどう》」（代表作に恋川春町《こいかわはるまち》の『金々先生栄花夢《きんきんせんせいえいがのゆめ》』などがある）、村田屋治郎兵衛《むらたやじろべえ》の「栄邑堂《えいゆうどう》」、鶴屋喜右衛門《つるやきえもん》の「仙鶴堂《せんかくどう》」、西村屋与《にしむらやよ》八《はち》の「永寿堂《えいじゅどう》」（代表作に葛飾北斎の『諸国瀧廻り《しょこくたきめぐり》』『冨嶽三十六景』などがある）などです。

特に人気浮世絵師や黄表紙作家を抱える他の版元は、蔦屋と競合しながらも江戸の出版文化を盛り上げる存在となりました。地本問屋

版元

組合に所属する版元も多く、出版活動において互いに競い合いながら業界の発展を支えたのでした。

関西の版元とその特色

関西、特に京都や大坂では江戸と異なる出版文化が発展しました。関西の版元は仏教経典や儒教の書物、学術書など学問に関連する書籍の出版が主で、教養層に向けた堅実な内容の本が多くありました。

井原西鶴の『好色一代男』に代表される浮世草子など、江戸の戯作《げさく》に通じる作品も出版されましたが、江戸の庶民文化とは一線を画したといわれています。

さらに、江戸の版元では庶民のための娯楽本が多く出版され、浮世絵や黄表紙のように視覚的にも楽しめる内容が流行した一方、関西は古典や学術的な書物が主流で、装飾よりも内容重視の風潮が強く見られました。

江戸時代の版元とその影響

江戸時代の版元は、文化と知識を広める上で重要な役割を果たしました。蔦屋重三郎のような版元は、江戸の風俗と文化を映し出し、日本独自の美意識を庶民に届けました。

また、関西の版元による古典書や学術書は知識層の学びを支え、江戸時代の知的基盤を築きました。こうした出版活動により版元は単なる出版物の制作・流通業者にとどまらず、日本の文化の発展に大きく貢献した存在となっていったのです。

問屋

江戸時代には異なる種類の出版物を扱う「書物問屋《しょもつどんや》」と「地本問屋《じほんどんや》」が存在した！

江戸時代には読書文化の発展と共に出版業も盛んになり、版元は出版物のジャンルや役割に応じて、いくつかの種類に分かれていました。その中でも代表的なのが「書物問屋《しょもつどんや》」と「地本問屋《じほんどんや》」です。

「書物問屋《しょもつどんや》」とは

「書物問屋《しょもつどんや》」は儒教書、仏教経典、医学書などの学術書や実用書、辞書などを主に取り扱っていました。このため、特に知識層や教養層に向けた学術的な内容の本を販売しており、書籍の内容はやや堅《かた》めでした。これらの学問的な書籍は「物之本《もののほん》」とも呼ばれていました。書物問屋は知識や教養を求める人々に向けた書籍を提供することが多く、江戸や京都、大坂などの都市に集中していました。

著名な書物問屋に、江戸出版業界の最大手であった須原屋茂兵衛《すはらやもへえ》がいます。茂兵衛は学術書や仏教書を中心に扱い、知識人向けの書籍を多く扱いました。

また、須原屋から暖簾《のれん》分けして「申椒堂《しんしょうどう》」を称した須原屋市兵衛《すはらやいちべえ》も有名です。市兵衛は主に蘭学者の著作を手がけ、平賀源内《ひらがげんない》や杉田玄白《すぎたげんぱく》の作品を出版したことで知られています。特に、一七七四（安永三）年に刊行された『解体新書《ターヘル・アナトミア》』は、日本初の本格的な西洋医学書となりました。

「地本問屋《じほんどんや》」とは

一方の「地本問屋《じほんどんや》」は、江戸で発展した庶民向けの娯楽本や風俗画、浮世絵などを主に取り扱っていました。地本問屋の「地本」とは〝地元で出版された本〟という意味を持ち、これらは江戸で生まれた

問屋

娯楽性や風刺性が強いものを指していました。

具体的な地本には、黄表紙や洒落本《しゃれぼん》、滑稽本《こっけいぼん》などがあり、こうした書物は江戸の町人たちに親しまれ、庶民文化の発展に寄与しました。また、浮世絵も地本問屋を通じて広まり、当時の人々に芸術や娯楽の楽しみを提供しました。著名な地本問屋には蔦屋重三郎の他、「仙鶴堂《せんかくどう》」の鶴屋喜右衛門《つるやきえもん》などがいます。

喜右衛門は草双紙や浄瑠璃本など多岐にわたるジャンルを提供した他、浮世絵を専門に扱う「錦絵問屋」でもあり、後世に残る浮世絵文化にも大きく貢献しました。

ニーズに応じた様々な問屋

このように、書物問屋は知識層の需要を満たし、一方で地本問屋は町人の娯楽や都市文化の発展を支える役割を担っていました。こうした住み分けにより、江戸時代の出版文化は多様な層に広がり、異なるニーズに応じた問屋が発展していったのです。

書物問屋と地本問屋の他にも、江戸時代には以下のような呼び名で呼ばれる問屋も存在しました。

●**書林《しょりん》・書肆《しょし》**……書物問屋の版元とほぼ同義。
●**物之本屋《もののほんや》**……書物問屋の版元を指す別の呼び方。
●**浄瑠璃本屋・謡本屋《うたいぼんや》**……浄瑠璃や謡曲の専門問屋。
●**絵双紙屋**……地本問屋の版元とほぼ同義。

印刷

印刷技術と顔料の進化によって、モノクロ印刷からカラー印刷へと進化した！

浮世絵は江戸時代に誕生した日本独自の版画芸術です。当初は単色の木版印刷が主流でしたが、この技法で浮世絵の他にも様々な出版物が印刷されていました。学習用の書物として寺子屋などで使用された教科書、江戸時代のニュースペーパー「瓦版」、さらに仏教経典や宗教に関する教典も木版印刷によって広まりました。

しかし、この木版印刷はやがて色彩豊かな多色刷りへと発展しました。江戸時代に、印刷技術が飛躍的に進化したのです。

カラー印刷技術と工程

浮世絵のカラー印刷は、多色刷り技法を用いて実現されました。この技法は「錦絵《にしきえ》」と呼ばれ、一七六五（明和二）年頃に鈴木春信《すずきはるのぶ》によって完成されました。錦絵では「絵師《えし》」が下絵を描き、「彫師《ほりし》」がそれぞれの色ごとに異なる木版を掘り、「刷師《すりし》」が色ごとに和紙に色を刷り重ねるという分業制が採られました。これにより鮮やかな色彩の浮世絵が大量に生産され、庶民の間で広まっていったのです。

喜多川歌麿《きたがわうたまろ》や東洲斎写楽《とうしゅうさいしゃらく》といった著名な浮世絵師の作品を出版した蔦屋重三郎は、その鋭い審美眼と新しい才能を発掘する力により当時の美術文化に革新をもたらし、カラー印刷を駆使して浮世絵の質を大いに高めました。

ちなみに、浮世絵の他にも商店が年末年始に顧客への贈り物として配布した引札《ひきふだ》（チラシ）で、縁起の良い図柄や吉祥《きっしょう》模様が多色刷りで描かれました。引札は浮世絵と同じように色ごとに版木を重ねて印

印刷

刷され、広告や贈答品の役割を果たしていました。

顔料とインクの製造

浮世絵の色彩は、主に天然の顔料によって表現されました。代表的な顔料には、赤色には紅《べに》や黄土《おうど》、青色には藍《あい》や群青《ぐんじょう》が用いられました。また、黒色には墨《すみ》が使用されました。

顔料は鉱物や植物から抽出され、手作業で精製されました。こうした顔料により浮世絵は色鮮やかな仕上がりとなり、色の再現性も高く反復生産も可能となり、長期の保管も可能となったのです。保存状態が良い浮世絵作品は、２０２０年代の現在もなおそれほど退色していません。

浮世絵の影響

カラー印刷された浮世絵は、日本国内だけでなく海外にも影響を与えました。特に、十九世紀にヨーロッパでジャポニズムと呼ばれる日本文化のブームが起こり、多くの浮世絵が輸出されました。これにより、西洋の芸術家たち、特に印象派の画家たちに影響を与えました。浮世絵の技術や表現方法は、今日でも多くの人々に愛され、研究されています。

このように、カラー印刷の発展は技術と素材の進化によって実現されてきました。その美しさと精緻な作品群は、江戸時代の文化と芸術の象徴として、今なお世界中の人々に愛され続けています。

蘭学

蘭学《らんがく》は西洋の知識を江戸時代の日本に広め、学問と技術の発展に大きく貢献した！

蘭学《らんがく》とは江戸時代にオランダを通じて日本に伝えられた西洋の学問や技術の総称です。鎖国政策により海外との交流が限られていた江戸時代ですが、唯一長崎の出島でオランダとの交易が許されていました。このためオランダから輸入される書籍や医薬品、機械などを通じて西洋の知識が日本に伝わりました。

この学問は、主に医学や天文学、自然科学などの分野で発展し、日本の学問と文化に大きな影響を与えました。ちなみに、オランダの国名を漢字で表すと「阿蘭陀」と書くことから「蘭学」と呼びます。

蘭学の始まり

蘭学の起源は一七二〇年代に遡《さかのぼ》ります。八代将軍徳川吉宗は、西洋の技術や知識を積極的に導入する政策を推進しました。彼の奨励によりオランダ語を学ぶ機会が増え、オランダの書物が日本に輸入されるようになりました。これにより日本人は西洋の医学や天文学、博物学、植物学などの知識を学ぶことができるようになりました。

そして江戸時代中期から後期にかけて、多くの蘭学者が登場しました。代表的な蘭学者として杉田玄《すぎたげん》白《ぱく》、前野良沢《まえのりょうたく》などが挙げられます。彼らはオランダ語の書物を翻訳し、西洋の知識を広めました。特に杉田玄白と前野良沢による人体解剖書『解体新書』の翻訳は、日本の医学に大きな影響を与えました。

また、両者から薫陶《くんとう》を受けた大槻玄沢《おおつきげんたく》は江戸に蘭学塾「芝蘭堂《しらんどう》」を開設し、多くの蘭学者を育てました。他にも天文学では志筑忠雄《しづきただお》が『暦象新書《れきしょうしんしょ》』を翻訳し、西洋の天文学を紹介しています。

蘭学の影響

蘭学者たちはオランダ語を学び、西洋の書物を翻訳することで知識を広めました。特に平賀源内《ひらがげんない》や、蘭学者の桂川甫周《かつらがわほしゅう》などは、多くの書物を翻訳・出版

蘭学

し、西洋の知識を広める活動に尽力しました。

平賀源内は「エレキテル（静電気発生装置）」を復元製作して多くの人々に驚きを与え、その製作方法と内部構造は桂川甫周の弟で医師でもある森島中良《もりしまちゅうりょう》が著書『紅毛雑話《こうもうざつわ》』で記述しています。

平賀源内《ひらがげんない》

蘭学は日本の学問と文化に多大な影響を与えました。医学分野では西洋の解剖学や外科手術の技術が導入され、日本の医療水準が向上しました。また、天文学や地理学の分野では正確な地図や天体観測の技術が普及し、科学的な知見が広まりました。

蘭学の普及と幕末の開国

幕末になると蘭学の知識は広く普及し、開国後の日本の近代化に貢献しました。特に一八五三（嘉永六）年のペリー来航以降、幕府は西洋の知識と技術を積極的に取り入れるようになり、蘭学者たちはその先駆けとなりました。彼らの活動は後の明治維新とその後の近代化の基盤を築く重要な役割を果たし、蘭学はやがて「洋学」と呼ばれるようになります。

国学

国学は、日本固有の精神を探求する学問だった！

江戸時代中期、日本の思想界では儒学や仏教の影響が大きく、日本固有の文化や伝統が薄れつつあると考えられていました。

　このような背景から日本固有の思想や文化に立ち返る動きが広まり、国学が誕生しました。国学は日本の古代文献をもとに、儒教や仏教、漢学の影響を排除して日本の本来の精神を追求する学問です。この動きは、江戸時代中期から後期にかけて広がりを見せ、やがて日本の文化や思想の独自性を明確にする役割を果たしました。

国学《こくがく》

国学《こくがく》は、江戸時代中期に興《おこ》った日本固有の文学や歴史、古典などを研究する学問です。特に漢学（中国由来の思想や詩文に関する学問）に対抗して発展し、日本独自の文化や精神を探求することを目的としました。江戸時代の代表的な国学者には本居宣長《もとおりのりなが》や賀茂真淵《かものまぶち》らがいます。

　特に本居宣長は国学の大成者として知られ、彼の代表作『古事記伝《こじきでん》』は古事記を詳細に解釈し、日本

国学

の神話や古代の歴史を研究した重要な書物として有名です。宣長は日本人の「もののあはれ」という感性を解き明かし、日本の精神性や文化を理解する上で後世にも大きな影響を与えました。

　また賀茂真淵の『万葉考《まんようこう》』は日本最古の歌集である『万葉集』の研究書として有名です。古代日本の歌謡や文化を詳細に分析し、後の国学者たちに影響を与えました。

和学《わがく》と皇朝学《こうちょうがく》

　和学《わがく》は国学の別称としてあつかわれ、日本古来の文学、歴史、制度などを研究する学問です。和学は国学や皇朝学《こうちょうがく》と同義に使われることが多く、特に江戸時代には一般的な呼称として用いられていたとされています。

　皇朝学は国学の一派として発展し、日本の歴史や文化を神道的な視点から捉え、皇室を中心とした国家観を打ち立てようとした学問でした。

　皇朝学の代表的な人物は、平田篤胤《ひらたあつたね》です。彼は著書の『古史伝《こしでん》』で神道を日本の根源的な思想と位置づけ、日本民族の優越性を主張しました。

国学の影響

　国学は、当初は学問としての研究にとどまっていましたが、次第に日本の政治思想や国民意識にも影響を与えるようになりました。特に、幕末に近づくにつれ国学は尊王攘夷《そんのうじょうい》の思想と結びつき、政治的なイデオロギーとして重要な役割を果たしました。尊王攘夷運動は外国の影響を排除し、天皇を中心とする日本の独立を目指す運動であり、国学の思想がその基盤となったのです。

　明治維新後には国学の成果が国家神道の形成や日本の教育政策にも影響を与え、近代日本のアイデンティティ構築の一環として位置づけられました。

大江戸万歳!
版本印って何?の巻
おいらが手がけた出版物を見分ける方法を教えやしょう
これは写楽の役者絵ですがここを見ておくんなさい
山に蔦《つた》の葉の印があるでしょうこれが版元印
上の極の印は幕府の検閲を受けた証拠
OK!
浮世絵は版元印もご覧あれ!

第三章
人々の暮らしと生活

共同体生活

江戸時代の共同体生活には支え合いの精神が根付いていた！

江戸時代の町や村では、小規模なコミュニティが重要な役割を果たしていました。江戸時代の共同体生活の起源は律令制《りつりょうせい》下の「五保《ごほ》制度」にあり、直接的には豊臣秀吉が治安のために置いた五人組・十人組の流れを汲んでいます。

江戸時代には「五人組」と呼ばれる制度が導入され、五軒の家を一つの単位として互いに監視し合い、相互扶助の役割を担わせていました。この制度は年貢の徴収や治安維持、さらに犯罪の抑制など、庶民の生活の安定を目的とし、さらに五人組は連帯責任を持つため、誰かが罪を犯した場合、他の家も連座の対象となることがありました。

このように、個々の家が組織的に支え合うことで、社会の安定が図られていたのです。

五人組の社会的役割

五人組は単なる相互扶助の組織ではなく、地域社会の秩序維持にも寄与していました。五人組のリーダーである「組頭《くみがしら》」は、地域の問題解決や紛争の仲裁を行う役割を担いました。

また、五人組は幕府や藩の政策を地域に伝える中継役としても機能し、必要な情報の伝達など、地域社会の運営に欠かせない存在でした。

人間関係と儀礼

江戸時代の社会では、人々の間に厳格な儀礼や礼儀作法が存在しました。特に上下関係や年長者への敬意が重視され、家庭内や地域社会でもその影響は大きかったようです。家族内では、家長が絶対的な権威を持ち、子どもたちはその指示に従いました。

また、年功序列の考え方が根強く、年長者への尊敬が日常生活の中で実践されました。五人組内でも年長者やリーダーに対する礼儀が重んじられ、和を保つための重要な要素となっていました。

共同体生活

共同体生活の重要性

　江戸時代の共同体生活は、農村では農作業や災害時の協力体制にも役立ちました。農繁期には互いに作業を手伝い合い、災害時には助け合いが行われました。共同体意識を強化し、互いに頼り合う関係が形成されていったのです。

　また、単なる経済的な相互扶助だけでなく、精神的な支え合いも重要視されていました。お祭りや地域の行事を通じて人々は連帯感を深め、コミュニティの一体感を醸成していたのです。

　さらに、冠婚葬祭などの人生の節目においても、隣組や地域社会のサポートが欠かせませんでした。こうした共同体生活の中で、個々人の生活は地域全体の一部として位置付けられ、強固な社会構造が形成されました。

現代の町内会へ

　この江戸時代に制度として形成された地域の共同体生活の考え方は、現代の町内会の原型として発展していきました。戦時中には「隣組」という形で情報の伝達や相互の監視、援助が行われ、生活の基本的なインフラとして機能していました。
　共同体生活——五人組制度で培われた協力の精神や役割が、時代を超えて引き継がれていき、現代の地域コミュニティにも通じているのです。

武家屋敷

武家屋敷は武士の生活と文化を象徴し、都市計画の一環としても重要だった！

江戸時代の武家屋敷は、武士たちが居住するために建てられた住宅です。これらの屋敷は江戸、京都、大坂などの主要都市だけでなく、各地の城下町にも広く存在しました。武家屋敷は、武士の階級や職務によってその規模や装飾が異なり、一般的には石垣や塀で囲まれた敷地内に主屋《しゅおく》を中心に複数の建物が配置されていました。

武家屋敷の構造と特徴

武家屋敷は、防御と威厳を兼ね備えた構造が特徴です。高い石垣や土塀で囲まれ、門は格式を示すために重厚に造られていました。主屋は武士の家族が住む居住空間であり、敷地内には他に書院、台所、蔵などが設けられていました。

特に格式の高い屋敷では庭園も重要な要素であり、池泉回遊式庭園《ちせんかいゆうしきていえん》や枯山水庭園《かれさんすいていえん》などの池や橋、茶室等が配置され、美しい景観が楽しめました。

武家屋敷の日常と役割

武家屋敷は、単なる住居ではなく、武士の職務や生活の中心となる場所でもありました。家臣や使用人たちが働く場所として厩《うまや》、倉庫、台所などの施設が整備され、武士たちは広い屋敷で日々の訓練や政務を行いました。

また武家屋敷は教育の場としても機能し、子ど

武家屋敷

もたちはここで礼儀作法や武道、学問を学びました。

都市計画と社会的意義

江戸時代の都市計画において、武家屋敷は重要な要素でした。各地の城下町では、城を中心に同心円状に武家屋敷が配置され、その外側に町人や農民の住居が位置しました。これは、城を防御するための軍事的な配置であると同時に、社会的な階級を視覚的に示すものでもありました。

また、武家屋敷の存在は、都市の治安維持や経済活動の中心としても重要な役割を果たしました。武士たちの消費活動や生活必需品の需要が、周辺の商業や産業の発展を促進したのです。

現代に残る武家屋敷

現在も日本各地には、当時の面影を残す武家屋敷が保存されています。特に有名なのは、鹿児島県の知覧《ちらん》武家屋敷庭園群や、島根県の塩見縄手《しおみなわて》などです。これらの場所は歴史的価値が高く、文化財としてしっかりと保護されているため、訪れる人々に江戸時代の武士の生活を身近に感じさせてくれます。

学問と学校

江戸時代の学校は知識と文化の普及を担い、現代の教育制度の基盤を築いた！

江戸時代は、日本の教育が大きく発展した時代でした。この時代には寺子屋《てらこや》や藩校《はんこう》、私塾《しじゅく》などの学校が設立され、様々な階層の人々に教育の機会が提供されました。これらの学校は読み書きや算術といった基礎的な知識から、武士や町人に必要な専門知識まで幅広く教えました。

寺小屋の役割

寺子屋は、庶民の子どもたちに基礎教育を提供する場でした。主に町人や農民の子どもが通い、読み書きや算術、道徳、礼儀作法を学びました。

寺子屋は寺院の境内や民家で開かれ、教師は僧侶や町人などが務めました。寺子屋の授業は実用的な内容が中心で、手紙の書き方や商売に必要な計算方法などが教えられました。

江戸時代の終わり頃には寺子屋は全国に広がり、庶民教育の重要な拠点となっていったのです。

藩校の設立

藩校は各藩《はん》が設立した学校で、主に武士の子弟が教育を受けました。藩校の目的は、武士としての教養や武芸を身につけることでした。武士は、漢詩や書道、儒教《じゅきょう》の教えなども学びました。有名な藩校には水戸藩の「弘道館《こうどうかん》」や会津藩の「日新館《にっしんかん》」などがあります。これらの藩校は、地域の教

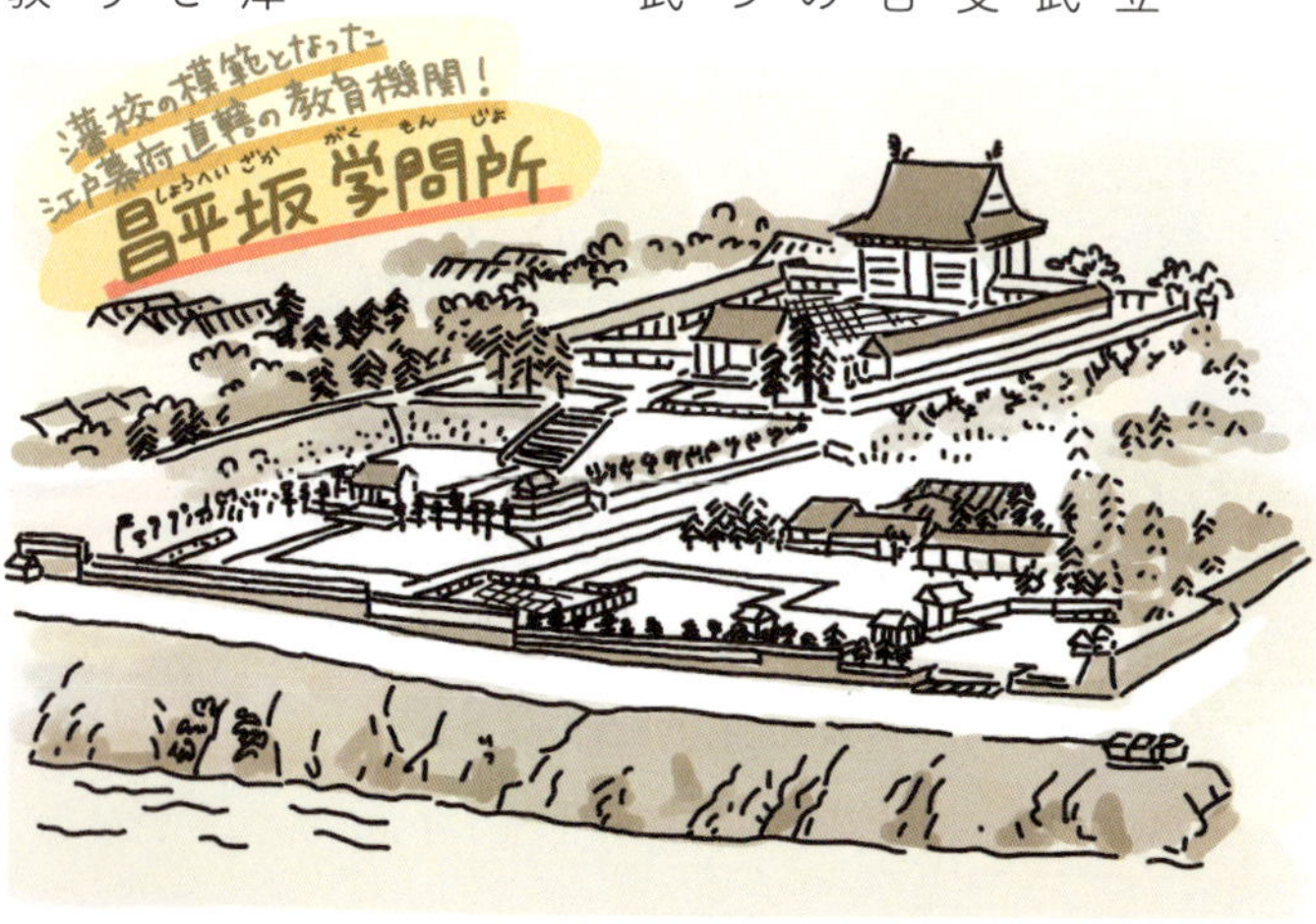

学問と学校

育水準を高める役割も果たしました。

私塾の存在

私塾は、個人が運営する教育施設で、多様な知識や技術が教えられました。私塾の中には、特定の学問や技術を専門に教えるものもありました。

たとえば、蘭学《らんがく》を教える私塾や、医学を学ぶための私塾などがありました。私塾の代表的な存在には、吉田松陰《よしだしょういん》の「松下村塾《しょうかそんじゅく》」や、緒方洪庵《おがたこうあん》の「適塾《てきじゅく》」などがあります。これらの私塾は、多くの有能な人材を輩出し、幕末から明治維新にかけての社会変革に寄与しました。

教育の近代化への移行

江戸時代の教育は、明治維新後の近代教育制度の基盤となりました。一八七二（明治五）年に制定された学制は、江戸時代の教育制度を参考にして構築されました。この学制により、全国的に義務教育が導入され、教育の普及が一層進みました。

江戸時代の教育は社会の安定と発展に貢献し、現代の日本社会における教育の重要性も高めたのです。

就職

江戸時代の仕事は多種多様。現代の勤め人の生活に似た側面を持っていた！

江戸時代には、現代のような企業に所属するビジネスパーソンは存在しませんでした。代わりに、多くの人々が個人事業主や職人として働いていました。町人や農民は、自分たちの家業を営み、家族全員がその仕事に従事することが一般的だったのです。

しかし、武士や庶民の労働には、現代の勤め人の生活と重なる部分もあり、特に下級武士たちは質素な生活の中で、現代の労働者が共感できるような側面もありました。

武士たちの勤務形態

江戸時代の武士、特に下級武士の勤務は例えば二日勤務、一日休みのようなシフト制で、勤務時間も短い日が多かったようです。一日の勤務時間が午前中の二時間ほどだったという記録もあります。そのため、武士の中には趣味で戯作を執筆したり、絵画に取り組むものも少なくありませんでした。

武士の仕事は、戦時には戦に出陣し、平時には藩の行政や治安維持に従事することです。武士は藩主から俸禄《ほうろく》と呼ばれる米を支給され、それを換金して生活費に充《あ》てましたが、一部の武士は剣術や書道などの師範として副業を行うこともあったようです。

また、幕臣の多くは小普請《こぶしん》組に編入されており、仕事は何もありませんでした。俸禄が少なく、時間はたっぷりあることから内職に励む下級の幕臣は多く、青山百人町の傘、根来百人町の提灯《ちょうちん》、大久保百人町の植木など、江戸の武家地の中には、職人と同様に有名になった所もありました。

就職

職人の世界

職人は、技術を磨きながら一つの技術や工芸に専念することで生計を立てました。職人は、親方と呼ばれる師匠のもとに弟子入りし、長い修業期間を経て独立し、一人前の職人となりました。

江戸時代には大工、刀鍛冶《かじ》、漆工《うるしこう》、陶工など、多種多様な職業が存在しました。職人の技術は代々受け継がれ、江戸の町を豊かに彩りました。

庶民の労働環境

一方、江戸の庶民たちには「フリーター」に近い働き方も存在していました。多くの人が特定の商家や組織に所属せず、日雇いや季節労働で生活を立てていたようです。また、江戸時代の就職は知人や親戚を頼ることが通例でした。人脈が求人採用の重要な要素であったため、江戸で仕事を探す人々は、まず「人宿《ひとやど》」や「口入《くちい》れ屋《や》」と呼ばれる奉公人斡旋施設を拠点にして、仕事探しを行っていました。

人宿は組合への加入が求められ、町奉行所は組合を通じて人宿運営の指示や指導を行っていました。

人宿は奉公人が奉公先で不義理をしたり、被害を与えて逃亡するような場合、他の身元保証人と一緒に責任をとらなければならなかったのです。

循環型社会

江戸時代のエコロジー生活は、持続可能な社会を実現していた！

江戸時代は、限られた資源を最大限に活用するリサイクル文化が発達していました。たとえば紙や布、金属などの素材は、使い古されても回収されたのちに修理や再利用が行われ、新たな用途に転用されることが一般的でした。紙は包み紙などに、布は古着として再利用されたり、さらに古くなれば雑巾、最終的には燃料として利用されることもありました。

　また、女性の抜けた毛髪を集めて買い取る業者なども存在し、彼女らは「(毛髪の) 落ちはないか」という呼び声から「おちゃない」と呼ばれました。江戸時代では身分を問わず女性が髪を結い上げていたため、上流階級の女性は儀式でかつらを使用しており、その材料として髪の毛が買い取られていたのです。

資源の循環

　農村部では、家畜の糞や植物の残渣《ざんさ》を堆肥《たいひ》として再利用することが一般的でした。都市部でも人間の排泄物は「下肥《しもごえ》」として農家に売られ、田畑の肥料として使われました。また、台所から出る生ごみや廃棄物も同様に堆肥として再利用されました。

　これにより、家庭から出る廃棄物が減り、農作物の栄養分として役立ちました。この循環型の肥料利

循環型社会

用システムにより、無駄なく資源が再利用され、農業の生産性が維持されていたのです。また、雨水を集めるための雨水タンクや井戸を設置し、これを生活用水や農業用水として利用することもありました。水資源の有効利用も図られていたのです。

食材の有効利用

江戸時代の人々は、食材を無駄にせず、すべての部分を利用することが重要視されていました。魚や野菜は、頭から尾、皮、葉まですべてを調理し、味噌汁や煮物、干物など多様な料理に使われました。

また、保存食の技術も発達し、乾物や塩漬け、発酵食品などが日常的に利用されました。こうした工夫により、季節を問わず食材を有効に活用することができたのです。

木材と燃料の再利用

木材は、建築材料や家具、道具として広く利用され、使い古された木材も燃料として再利用されました。薪《たきぎ》や炭は、調理や暖房のために不可欠な燃料であり、森からの持続的な供給が求められました。森林管理が行われ、新しい木を植えることで資源の枯渇を防いでいました。

衣服と身の回りの品

衣服や身の回りの品も、長く使うことを前提に作られていました。着物は品質の良い素材で作られ、修理や仕立て直しが行われることで、何世代にもわたって使用されました。破れた部分は継《つ》ぎや刺《さ》し子《こ》で補修され、さらに使える状態に保たれました。また、壊れた陶器や道具も修理して再利用されることが一般的でした。江戸時代のエコロジーな生活は、資源を無駄にせず再利用することで持続可能な社会を築くための知恵と工夫が満ちていました。

現代の環境問題に対処するために、江戸時代のエコロジー生活から学ぶことが多くありそうです。

入浴と湯屋

江戸時代の風呂文化は庶民の日常生活や健康管理に欠かせなかった！

江戸時代の風呂文化は、日本の入浴習慣が大きく発展した時期です。庶民は自宅での入浴が難しかったため、共同浴場である「湯屋《ゆや》」を利用することが一般的でした。湯屋は単なる入浴施設だけでなく、社交の場としても機能していました。

風呂文化の始まり

日本における入浴の起源は六世紀に遡《さかのぼ》りますが、江戸時代に入ると風呂文化が大きく発展しました。初期の風呂は蒸し風呂が主流で、熱く焼いた小石の上に水をかけて蒸気を発生させ、その蒸気で体を温めるものでした。

その後、湯船に浸かる形式の風呂が普及し、現代に続く入浴スタイルの基盤が築かれました。

湯屋の役割と利用法

江戸時代の湯屋は、庶民の日常生活において欠かせない存在でした。湯屋は男女混浴が一般的でしたが、寛政の改革で取り締まりが行われました。

入浴は健康管理の一環として重要視されており、体を清潔に保つことはもちろん、血行を良くし、疲れを癒やす効果がありました。

また、湯屋は情報交換や社交の場としても利用され、人々が集まって交流する場所でもありました。

さらに、男性専用の娯楽室が二階にある湯屋もあり、そこでは茶や菓子を楽しむこともできました。

入浴と湯屋

風呂の種類と進化

江戸時代の風呂には、様々な種類がありました。先述の蒸し風呂の他にも、薬草を入れた薬湯《くすりゆ》や、温泉地での湯治《とうじ》などが人気でした。また、一部の湯屋では体を洗ったり垢《あか》をこすり落としてくれるサービスを提供していました。こうした工夫やサービスにより風呂文化は一層多様化し、現代に至るまで庶民の生活に深く根付いていったのです。

現代への影響

江戸時代の風呂文化は、現代の日本の入浴習慣に多大な影響を与えました。特に、共同浴場の湯屋は現代の銭《せん》湯《とう》や温泉施設の原型となり、

今なお多くの人々に愛されています。風呂文化は日本人の生活において、単なる清潔保持の手段を超えた重要な娯楽と文化的要素となっているのです。

両替商

両替商は銀行の役割を担い、複雑な貨幣制度を管理する中心的存在だった！

江戸時代の貨幣制度は金貨、銀貨、銅貨の三種の貨幣が使用され、地域によって支払いに使われる貨幣の種類も異なっていました。江戸では金貨、大坂では銀貨、日常品の売買には銅貨が使われるといった具合です。そのため、異なる貨幣の両替を行う両替商は必須の存在でした。

為替と両替商

やがて商取引の拡大とともに、現金の移動には不便が生じるようになり、江戸時代に「為替《かわせ》」という制度が発展しました。為替は現金の移動を伴わずに遠隔地間での資金移動を可能にする手段で、商人たちの間で広く利用されました。こうした事情により、為替を扱う「両替商」が誕生しました。

両替商は現金の保管、為替の発行、貸付業務などを行い、現代の銀行のような役割を果たしました。両替商は、各地で異なる貨幣を交換する役割を担い、特に大商人や商家の間で重要な存在とされました。

また、両替商は預金を受け付け、預かり手形を発行するシステムもつくり出し、これが現代の預金証書にあたる仕組みとなりました。

代表的な両替商

代表的な両替商としては、三井や住友が挙げられます。三井は江戸、大坂、京都を中心に広がり、各地に店舗を持つことで大規模な金融ネットワークを構築しました。また、住友は銅の精錬業から始まり、その後両替商としても成功を収めました。

両替商

これらの両替商は、信用を基盤にして経済活動を支え、江戸時代の商業の発展に大きく寄与しました。

貨幣経済の安定と影響

江戸時代の貨幣制度と両替商の活動は、経済の安定と商業の発展に貢献しました。貨幣の発行と品質管理により、物価の安定が図られ、商取引が円滑に行われるようになったのです。

また、為替と両替商の活躍により、遠隔地間での商取引が容易になり、全国的な経済活動が活発化しました。両替商が取り扱う手形や預金システムは、商人たちの間での決済や信用取引の基盤となったのです。これにより、都市と農村、各地の商業都市が緊密に結びつき、経済の一体化が進みました。

江戸時代の銀行制度と貨幣管理は、現代の金融制度の基盤を築いた重要な要素であり、その影響は現在に至るまで続いています。三井や住友のような両替商が果たした役割は、経済の安定と発展に欠かせないものでした。

このような両替商の発展が、後の日本における近代の銀行制度の基礎を築いたのです。

病気と医療

江戸時代に伝統的な漢方医学と西洋医学の融合が進み、医療が発展した！

江戸時代の医療は、主に東洋的な漢方医学に基づいていましたが、後期には西洋医学も取り入れられるようになりました。医療機関としての病院も少しずつ整備され、都市部を中心に医療サービスが提供されました。

漢方医学の普及

江戸時代の医療は漢方医学が中心でした。漢方医学は中国から伝わった治療法を日本独自で発展させた医学で、薬草園で育てられた薬草を使い、煎《せん》じ薬や丸薬《がんやく》が作られました。多くの家庭では、身近な病気やけがに対して漢方薬が使用されていました。特に内科疾患に対する治療が得意とされ、腹痛や風邪、消化不良などの治療に用いられました。

町医者と薬種商

江戸時代には「町医者」と呼ばれる個人経営の医者が多く存在しました。町医者は、庶民の病気やけがを治療するために、往診や薬の処方を行いました。

また、漢方薬や民間薬を専門に販売する「薬種商《やくしゅしょう》」も薬の知識を持った商人として庶民の健康を支えました。とりわけ日本橋本町は、薬種商が集まる薬の町として知られていました。

病気と医療

西洋医学の導入

江戸時代後期になると、蘭学を通じて西洋医学が日本に伝わりました。特に、解剖学や外科手術の技術が注目され、医学の進歩に大きく寄与しました。オランダから伝わった医書や医学書も翻訳され、医師たちが人体の仕組みなど新しい知識を学びました。

こうしたことにより、従来の漢方医学に加えて外科的な治療や予防医学の概念が、医学を志す人たちの間で急速に広まっていきました。

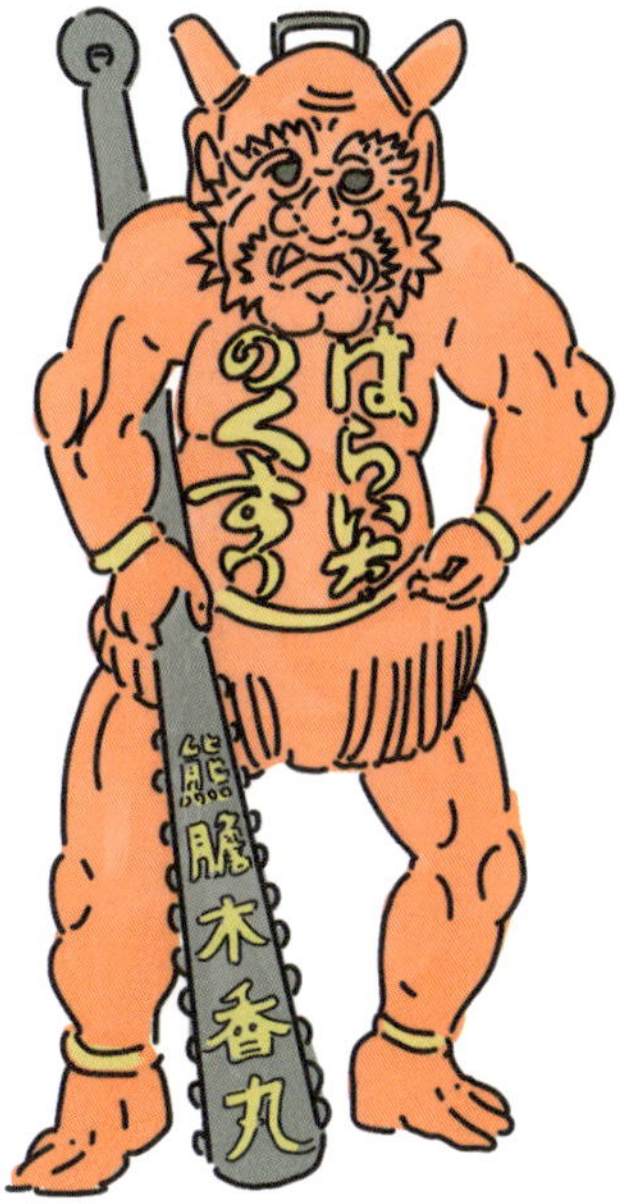

病院の設立

江戸時代中期以降、都市部を中心に病院が設立されるようになりました。代表的なものに長崎のシーボルトが開設した診療所、私塾の「鳴滝塾《なるたきじゅく》」や、江戸にあった医療施設の「小石川養生所《こいしかわようじょうしょ》」があります。これらの病院では医師が患者を診察し、薬を処方するだけでなく、医学生に対して医学教育も行われました。特に、鳴滝塾は西洋医学の教育機関として、多くの優れた医師を輩出しました。

江戸時代の医療は伝統的な漢方医学と新しい西洋医学の融合が進み、多くの人々の健康を守るために発展しました。こうして庶民の生活の質が向上し、病気治療に関する知識と技術が広まっていったのです。

移動と物流

江戸時代の移動手段や物流は徒歩や人力、船を使った舟運《しゅううん》も大活躍した！

江戸時代の庶民の主要な移動手段は徒歩でした。道中での荷物は、背負って運搬するための運搬具、背負子《しょいこ》を用いて運ばれました。

また、身分の高い人や富裕層は駕籠《かご》を利用することもありました。駕籠は二人の担ぎ手が棒に吊るした籠に人を乗せて運ぶ乗り物で、快適かつ迅速な移動手段として人気がありました。

さらに輿《こし》もありますが、輿は主に武士や貴族が使用した移動手段で、特に地位の高い者だけが利用を許されていました。

馬と牛車《うしぐるま》

また、地方では馬も重要な移動手段でした。馬は荷物の運搬にも使われ、荷駄馬《にだうま》として多くの物資を運びました。牛車《うしぐるま》も農村部で広く使われ、農作物の運搬に役立てられました。しかし、牛車は速度が遅いため、長距離の移動には向きませんでした。商品や物資を運ぶための手段として大八車も利用されていました。

水運

日本は海に囲まれ、また多くの川が流れていたため、江戸時代は船が重要な交通・物流手段になっていました。海上輸送では北前船《きたまえぶね》が活躍し、全国各地の港を結びました。北前船の西廻り航路は蝦夷地《えぞち》（北海道）や東北から日本海側を通り、瀬戸内海を経由して大坂に至るルートです。米や塩、海産物などがこのルートを使って各寄港地で売買され、さらに江戸まで運ばれるなど、地方からの大消費地へ物資供給が行わ

れていました。

　また、内陸部では川舟が使われ、江戸や大坂などの都市への物資の供給に大きく貢献しました。特に、利根川や江戸川、新河岸川《しんがしがわ》といった主要河川を利用した舟運《しゅううん》は、江戸と各地を結ぶ物流の大動脈でした。米や農作物、工業製品などが川舟によって大量に運ばれ、江戸の市場を支えていたのです。

舟運による地域経済の活性化

　舟運は江戸と地方都市を結ぶ手段としても利用され、たとえば江戸と川越を結ぶ新河岸川では、年貢米や日用品が輸送されました。また、江戸と関宿《せきじゅく》などの城下町を繋ぐルートもあり、地方から江戸に物資を供給する重要な経路となりました。舟運が活発だった地域では物資の流通に伴って市場や商業が発展し、地域経済が活性化しました。また、船を利用した交流により、文化や技術の伝播も進みました。

　このように、舟運は江戸時代を通じて全国的に発展しましたが、明治時代以降は鉄道の発達によって次第に衰退。それでも、舟運が果たした役割は近代日本の物流において大きな影響を残しました。

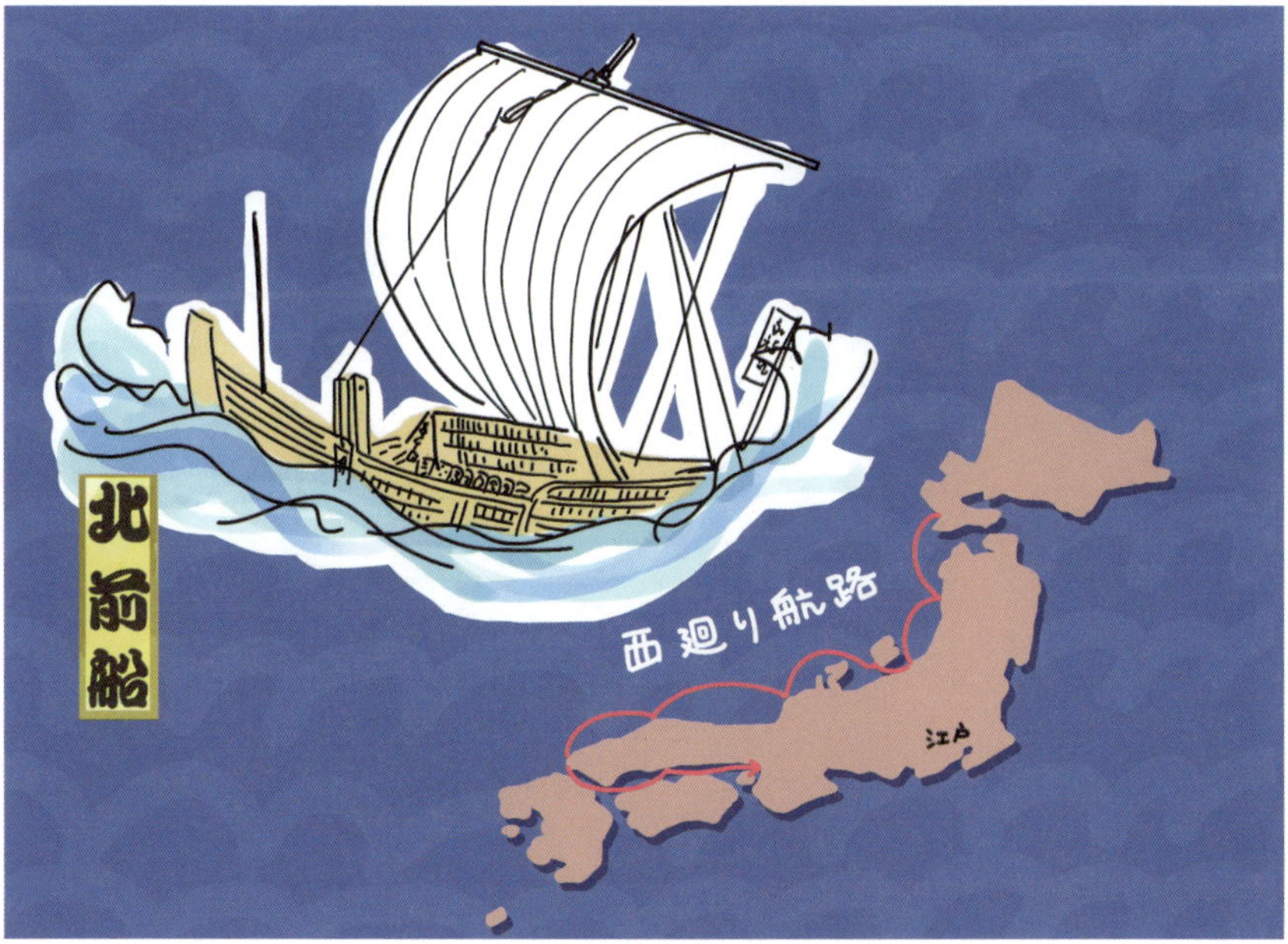

食品保存

江戸時代に知恵と工夫で食品を長持ちさせる保存技術が発展した！

江戸時代には冷蔵技術が未発達であったため、食品の劣化を防ぎ、長期保存するために様々な工夫が施されました。

　その中でも、もっとも一般的な方法は魚や野菜を天日干しにして水分を抜く乾燥でした。野菜や果物は「乾物《かんぶつ》」として保存され、魚は「干物《ひもの》」として利用されました。これにより食材の水分を取り除き、腐敗を防ぐことができたのです。

　乾燥させた食材は、長期保存でき、そのまま食すこともできたため、特に冬季の食糧確保に大いに役立ちました。

食品保存

塩漬けと味噌漬け

乾燥以外の保存方法として、塩漬けや味噌漬けも広く行われました。塩漬けは鯛や鮭といった魚や、大根やキュウリなどの野菜に塩をまぶして保存する方法です。塩漬けは塩の浸透によって食品中の水分が抜け、腐敗菌の繁殖を抑える効果がありました。

また、味噌漬けは食材を味噌で漬け込み、味噌の防腐作用を利用して保存する方法です。味噌漬けにされた漬物は保存期間が長く、風味も良くなり、美味しく保存できたため江戸時代の食卓には欠かせないものでした。

他にも、醤油《しょうゆ》の塩分と風味で食品の長期保存を助ける「醤油漬け」、砂糖の高浸透圧を利用した「砂糖漬け」、酸性の酢によって腐敗を抑える「酢漬け」、食品を煙でいぶして保存する「燻製《くんせい》」などの方法もあります。

発酵食品の利用

江戸時代には、発酵を利用した保存方法も発展しました。特に味噌や醤油、酒などは発酵技術によって製造され、長期保存が可能でした。

また、発酵食品は保存性だけでなく、栄養価や風味の向上にも寄与しました。江戸の人々は、これらの発酵食品を日常的に摂取することで健康が維持できていたようです。なお、温度や湿度、水質などの気候や風土、原材料や食文化の違いなどで、それぞれの地域で、それぞれ個性的な発酵食品が発展することになりました。

雪を使った冷蔵保存

寒冷地では、自然の雪を利用した「雪室《ゆきむろ》」という冷蔵技術も用いられました。冬に積もった雪を地下の貯蔵庫に詰め込み、その冷気で食材を保存する方法です。雪室は、夏でも内部が冷たいままであるため、夏場の食材冷蔵保存に非常に有効でした。特に越後（新潟県）や信州（長野県）などの豪雪地帯では、この技術が活用されていました。

江戸時代の人々は、限られた技術と自然の力を最大限に利用し、知恵と工夫で食品を保存していました。これらの方法は、現代でも一部が受け継がれ、伝統的な保存食として親しまれています。

通信

江戸時代の通信は、飛脚や宿場を利用した効率的なネットワークに支えられていた！

江戸時代は、通信技術が発達し、情報や物品のやり取りが効率的に行われるようになりました。当時の通信手段としては、飛脚《ひきゃく》制度や宿場町が重要な役割を果たしていました。江戸幕府は情報の流通を統制し、飛脚制度や宿場町を整備することで、効率的な通信網を築き上げていたのです。

また、民間の商人たちは独自のネットワークを活用し、商品の受発注や情報交換を行いました。これにより江戸時代の日本は情報の流通が活発になり、経済や社会の発展が促進されました。

飛脚制度の発展

飛脚制度は、江戸時代の代表的な通信手段です。飛脚は手紙や荷物を迅速に運ぶ専門の運送業者で、主に商人や役人が利用しました。飛脚は徒歩で長距離を移動し、江戸から大坂までの道のりを数日で駆け抜けることもありました。

飛脚には手紙や荷物を届ける早さによって階層があり、配送速度や料金に応じて選ばれました。

宿場町の役割

宿場町は、江戸時代の交通・通信の要所でした。五街道に沿って設置された宿場町は、旅人や商人が休息や宿泊を取る場所として機能しました。

また、宿場町には飛脚の他、馬を使った運送業者である馬借《ばしゃく》などが拠点を構え、手紙や荷物の受け渡

通信

しが行われました。これにより、遠隔地との連絡が円滑に進みました。

継《つぎ》飛脚と町飛脚

飛脚制度には幕府や藩が利用する「継《つぎ》飛脚（大名が利用する「大名飛脚」もあった）」と、民間の商人や一般庶民が利用する「町飛脚」がありました。

継飛脚は主に重要な公文書や緊急の命令を運ぶ役割を担い、迅速かつ安全に情報を届けることが求められました。継飛脚は東海道では五十三カ所の宿場で通信文書が継がれていき、その場合、一人当たりが走る距離はおよそ十キロほどであったとされています。このようなリレー形式で、江戸から大坂までは最短三～四日で通信文書が届けられていました。継飛脚には並以上の体力と走力が求められ、精鋭が集められていたようです。

一方、町飛脚は主に商取引や個人的な連絡に利用され、全国にネットワークを築いていました。しかし、その利用料金は安価ではなかったので、手紙の配達は「幸便《こうびん》」といって、「ちょうどそちらに向かう人がいたので、ついでに手紙を頼みました」という方法が実際には多かったようです。

こうした飛脚や宿場町を利用した江戸時代の手紙の送達システムは、明治時代の近代郵便制度の前身となりました。

瓦版

江戸時代のニュースは、瓦版《かわらばん》や高札などで情報が伝えられていた！

江戸時代には、現代の新聞やテレビのようなマスメディアは存在しませんでしたが、多様な手段で情報が伝達されていました。その代表的なものが瓦版《かわらばん》です。瓦版は、紙にニュースや出来事を印刷し、街角で売られるもので、江戸時代初期から広がったものといわれています。

瓦版には、戦の報告や大火事、地震といった災害の情報、さらには芸能や事件など、多様な内容が含まれていました。

瓦版とその役割

瓦版は、庶民にとって手軽に情報を得る手段として重要な役割を果たしていました。瓦版売りは、街角や市場で声を上げて売り歩き、多くの人々に情報を届けました。とくに大火事や大地震などの災害時には、瓦版が迅速に情報を伝える手段として活躍しました。

江戸の町は木造建築が密集していたため、火事が頻発しており、そのたびに瓦版が飛ぶように売れていたようです。

役所や町内の掲示板

瓦版以外にも、江戸の町では役所や町内の掲示板が情報伝達の重要な手段として機能していました。各地の役所には「高札」という布告板が設置され、幕府や藩の重要な布告やお知らせが掲示されました。これにより、公式な情報や政策が庶民に伝えられました。また、町内の掲示板には、町内会の行事や重

瓦版

要な連絡事項が掲示され、地域のコミュニティの情報共有の場となっていました。

口伝と人々の交流

情報の伝達には口伝《くでん》も重要でした。口伝とは、口から口へと情報を伝える方法で、噂話やニュースが人々の間で広まる手段として用いられました。特に茶屋や湯屋、屋台など人々が集まる場所では、自然と情報が交換され、最新のニュースが広まっていきました。

瓦版と文学の影響

瓦版は、単にニュースを伝えるだけでなく、文学や芸能とも密接に結びついていました。瓦版に掲載された事件や話題は、しばしば歌舞伎や人形浄瑠璃の題材となり、庶民の娯楽として楽しまれました。

また、瓦版自体が一種の読み物として、庶民の文学的興味を満たす役割も果たしていました。

このように、瓦版は多岐にわたる情報を提供し、庶民の生活に密着した重要なメディアとして機能していました。現代の新聞やテレビのように、情報の即時性と多様性を備えており、庶民文化の一端を担っていたのです。

散髪

江戸時代の髪型は、社会的地位や職業を表し、また流行《はや》り廃《すた》りもあった！

　江戸時代の髪型は、社会的地位や職業によってそれぞれ異なっていました。男は「丁髷《ちょんまげ》」と呼ばれる髷《まげ》を結うことが一般的で、これは前頭部を剃り上げ、後ろ髪を結び上げる独特のスタイルでした。また、前頭部を剃り上げた部分を「月代《さかやき》」と呼びますが、武士の階級によって月代の形も異なっていました。丁髷や月代は、武士の威厳や地位を示す重要な要素で、彼らの身分を象徴するものだったのです。

　また、町人や商人もそれぞれの階層や役割に応じた

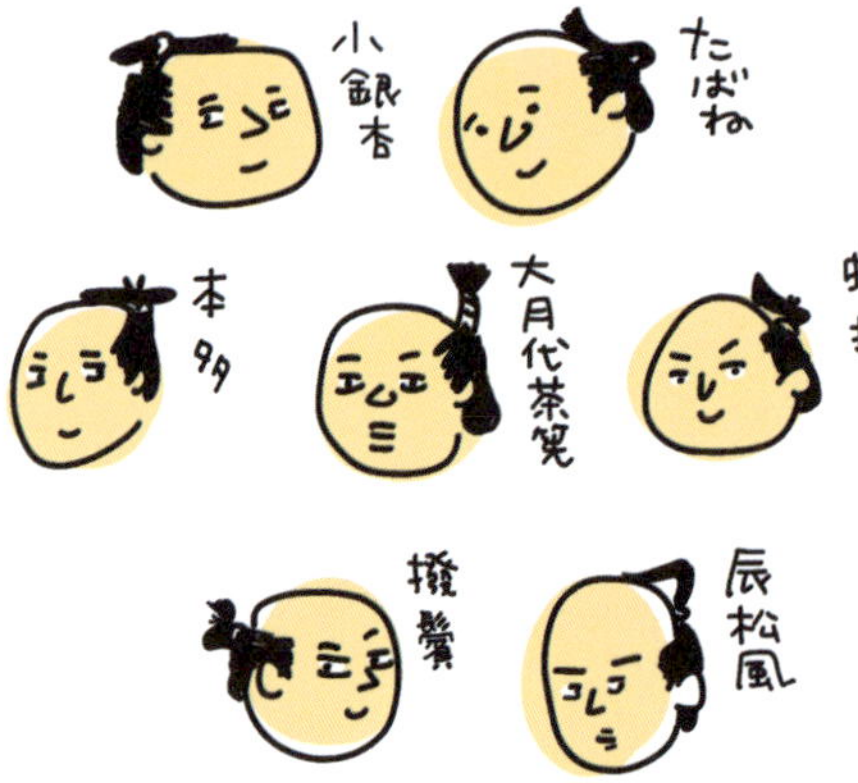

髪型を持ち、整髪はその人の社会的役割を明確にする手段として機能していました。

散髪の技術と髪結床《かみゆいどこ》の役割

　散髪は専門の技術を必要とする作業であり、江戸時代には多くの髪結床《かみゆいどこ》（床屋《とこや》）が存在しました。髪

散髪

結床は髷の形を整えたり、月代を剃ったりするだけでなく、顔剃りや耳掃除、肩もみなどのサービスも提供することもありました。髪結床は町の重要な施設で街角に点在し、人々の日常生活に欠かせない存在でした。髪結床は、大人の男性だけでなく子どもも利用し、家族が定期的に訪れる場所でした。

女性の髪型とその装飾

女性の髪を結う仕事は「女髪結い」として知られており、江戸中期頃から一般的になりました。髪型の流行は頻繁に変わり、また非常に多様で、結婚や年齢、社会的地位によって変化しました。若い未婚の女性は、髪を長く伸ばし、結い上げることが一般的でした。

一方、既婚女性は丸髷《まるまげ》に結うのが一般的でした。女性は自分で髪を結うべしとされていましたが、実際は多くの女性が「髪結い」に整髪を依頼していました。たとえば、「島田髷《しまだまげ》」は未婚の女性や花柳界の女性に人気があり、「勝山髷《かつやままげ》」は遊女の髪型でしたが、のちに既婚女性の髪型として定着します。

これらの髪型は髪飾りやかんざしで豪華に装飾され、女性の美しさを引き立てました。

髪型と文化

江戸時代の髪型は、単なるファッションではなく、文化や伝統の一部として重要な役割を果たしていました。浮世絵などの美術作品には、当時の流行の髪型が描かれ、後世にその様子を伝えています。髪型を通じて、江戸時代の人々の生活や価値観を垣間見ることができるのです。

このように江戸時代の整髪、散髪、髪結床は単なる髪の手入れを超えて、社会的な象徴や文化の表現手段として重要な位置を占めていました。これらの習慣や技術は、現代の日本の理髪文化にも影響を与え続けています。

愛玩動物

庶民から上流階級まで、犬や猫、金魚など様々な動物が愛されていた！

江戸時代の日本では、犬と猫が一般的なペットとして飼われていました。犬は番犬としての役割が重視され、家の安全を守るために飼われました。

特に、秋田犬のような大型犬は、狩猟犬や番犬としての価値が高く評価されました。

また、犬の中でも温和な性格として知られる「狆《ちん》」は特に人気があり、大名屋敷や大奥で室内犬として愛玩されていました。

一方、猫は鼠《ねずみ》取りとして重要な役割を果たしていました。江戸の町家や商家では、猫が鼠害《そがい》を防ぐために飼われ、家の中を自由に歩き回る姿が見られました。江戸の町でのんびりと生活する猫たちは庶民にも愛されていました。

愛玩動物としての小動物

江戸時代には、小鳥や金魚などの小動物も愛玩動物として人気がありました。

特に、金魚は江戸時代中期から広まり、庭や家の中で飼われることが一般的でした。涼を感じさせる金魚鉢の中で泳ぐ金魚は、江戸の夏の風物詩となりました。金魚の美しい色や形が観賞用として評価され、多くの人々が金魚の飼育を楽しむようになったのです。

愛玩動物

また、小鳥は美しい鳴き声を楽しむために飼われ、特に江戸の庶民の間で人気がありました。戯作者《げさくしゃ》の曲亭馬琴《きょくていばきん》は鳥の愛好家として知られており、彼の作品にも鳥に対する深い愛情が描かれています。

「生類憐《しょうるいあわれ》みの令」と犬

第五代将軍徳川綱吉による「生類憐《しょうるいあわれ》みの令」は、とりわけ犬を保護することを重視していました。この時代、犬を傷つけることは死罪にも値し、保護された犬たちは大規模な施設で飼育されていました。

この政策によって、犬は一層手厚く扱われるようになり、江戸の町には多くの犬が放し飼いにされていました。

特殊なペット

珍しい動物をペットとして飼うこともありました。たとえば、大名家などでは鷹《たか》や鷲《わし》といった猛禽類《もうきんるい》が狩猟のために飼育されることがありました。また、猿《さる》や狐《きつね》などの動物も、見世物や特別な行事のために飼育されることがありました。

また、江戸時代には子孫繁栄や商売繁盛の象徴とされて、鼠もペットとして飼われることがありました。さらに、昆虫やカメなども愛玩動物として飼われていたともいわれています。

動物との共生

江戸時代の人々は、動物と共に生きることを大切にしていました。犬や猫だけでなく、家畜としての牛や馬も重要な役割を果たしていたからです。農業や運搬に使われる動物たちは、生活の中で欠かせない存在だったのです。また、動物を大切にする文化があり、動物に対する感謝や尊重の気持ちが根付いていました。これらの価値観は、江戸時代の絵画や文学にも反映され、動物との関わりが広く描かれています。

江戸時代の動物との共生は、当時の文化や価値観を理解する上で重要な要素の一つとして考えられています。

俗信と迷信

江戸時代の俗信や迷信は、文化や風習の一部だった！

江戸時代は、科学技術の発展が限られていたため、多くの人々が自然現象や日常生活の中で起こる出来事を神秘的に捉えていました。このような背景から、様々な俗信や迷信が生まれ、生活の指針として広く信じられていました。

こうした俗信や迷信は、地域ごとに異なることもありましたが、共通して人々の行動や考え方に大きな影響を与えていました。

健康と病気に関する俗信

江戸時代の人々は、病気や怪我を避けるために様々な俗信を信じていました。たとえば、「夜に爪を切ると親の死に目に会えない」とされていました。これは、夜に爪を切ると短命になるからなど、様々な説があります。また、「赤ちゃんの初めての髪の毛は病気や悪霊から身を守るためのお守り」として、捨てずに保管されることもありました。

生活の中の迷信

日常生活の中でも多くの迷信が存在しました。たとえば、「夜、口笛を吹くと蛇が出る」と言われていました。これは、口笛の音が蛇を呼び寄せると信じられていたためです。また、「地震は大きなナマズが地中で動くために起こる」とも信じられていま

俗信と迷信

した。この迷信は浮世絵の題材にもなっています。

吉凶を占う習慣

江戸時代の人々は、日常の出来事を吉凶に結びつけて考えることが一般的でした。特に、初夢や占いによって一年の運勢を占う習慣がありました。初夢に見ると良いとされるものには、「一富士、二鷹、三茄子《なすび》」がありました。富士山、鷹、茄子が縁起が良いものとされていましたが、実はその根拠はよくわかっていません。

また、人が亡くなると、遺体を北向きに寝かせる習慣があり、生きている人が「北枕で寝ると縁起が悪い」とされました。

さらに恐ろしい俗信では、「夜中の丑《うし》の刻（午前一〜三時頃）に神社に参り、五寸釘で藁人形《わらにんぎょう》を打つと、特定の相手に呪いがかかる」という儀式が信じられることもありました。

動物信仰

動物に関する俗信も多く存在しました。たとえば「猫が顔を洗うと雨が降る」と信じられていました。また、「キツネが人を騙《だま》す」という俗信も広く信じられており、〝キツネ憑《つ》き〟という現象が恐れられていました。

江戸時代の俗信や迷信は、科学的根拠が乏しい時代において、人々の生活を守るための知恵や信仰として機能していました。これらの俗信や迷信は、地域や時代によって異なるものの、多くの人々に受け入れられ、日常生活に深く根付いていたのです。

冠婚

冠婚は社会の秩序や家族の絆《きずな》を強化し、伝統と習慣が息づく重要な儀式だった！

江戸時代の冠婚は、社会的な絆《きずな》を強化するために重要な儀式とされていました。冠婚とは、男子が成人する際の「元服《げんぷく》」の儀式と結婚の儀式を指します。この時代には家族や一族の名誉を守るため、厳格な儀礼と形式が重んじられていました。

元服の儀式

元服は男子が成人し、一人前の武士や町人として認められるための重要な儀式でした。通常、武士階級の男子は、十二歳から十六歳の間に元服を行いました。元服の際には幼名を改めて新しい名前（元服名）を与えられ、髪型も大人の髷《まげ》に変えました。この儀式は家族や親族、そして主君や同僚の前で行われ、社会的な地位と責任を持つ一歩となりました。

結婚の儀式

結婚は、家族や一族の結びつきを強化するためのの重要な儀式でした。江戸時代の結婚は多くの場合、親が相手を決め、両家の合意によって進められました。そして、まず「結納《ゆいのう》」と呼ばれる贈り物の交換から始まりました。結納は、両家が結婚の約束を固めるための重要な儀式です。その後、正式な結婚式が行われました。

なお、婚姻に関する儀式や慣習は地域によって異なりました。各地には独自の風習や伝統があり、婚礼の儀式や結納の内容もそれぞれ異なります。

婚姻には家族の財産や事業を継承し、経済的安定を図るという側面もありました。特に、商家や農家では適切な結婚相手を見つけることが家業の繁栄に直結する重要な課題となっていました。

結婚生活と家族

結婚後、新婦は新郎の家に入ることが一般的でした。新婦は新しい家族の一員として家事や農作業に

冠婚

従事し、家族の一体感を強化しました。

江戸時代の家族構成は多くが三世代同居も普通であり、複数世代が一つ屋根の下で生活していました。これは経済的な理由だけでなく、家族の結束と協力を重視する社会的な背景もあったようです。

離婚と再婚

江戸時代には結婚と同様に離婚も存在しましたが、その手続きは現代と比べて簡単でした。離婚理由は様々で、夫婦間の不和や経済的な問題などが主な要因で、現代と変わることはありません。武家夫婦の十組に一組が離婚していたという記録も残っています。そして離婚後に再婚することも、現代と同様に珍しいことではありませんでした。

このように、江戸時代の冠婚は社会の秩序や家族の絆を強化するための重要な儀式でした。元服や結婚式は個人の成長と家族の繁栄を象徴するものであり、江戸時代の人々にとって大切な節目としておごそかに行われていたのです。

これらの儀式は、今日でも多くの伝統や習慣として受け継がれています。

葬祭

江戸時代の葬祭は、仏教式を中心に行われることが多かった！

江戸時代の葬祭は、家族や地域社会において重要な役割を果たしていました。葬祭は死者を敬《うやま》い、その魂をなぐさめるための儀式であり、当時の幕府の宗教政策にのっとって、主に仏教に基づいて行われました。

葬儀の準備と流れ

葬儀は死者の家族や親族によって行われ、それぞれの家の菩提寺《ぼだいじ》で行うのが一般的でした。死者が出ると、まず故人の霊と遺体を清める「湯灌《ゆかん》」が行われました。その後、遺体を棺に納める「納棺《のうかん》」が行われ、葬儀の日取りが決まると、近隣や親族に知らせる「訃報《ふほう》」が行われました。

通夜は故人の死を悼み、その霊を慰めるために行われる儀式です。遺体の近くで一晩中灯火《とうか》を灯し、僧侶が読経を行い、家族や親族、親しい友人が集まって故人を偲《しの》びました。

葬儀式は故人の霊を送り出すための正式な儀式で、僧侶が読経を行い、参列者が焼香し、代表者が故人の人生を偲んで、弔辞《ちょうじ》が述べられました。

葬儀の後は、遺体を墓地に運ぶ葬列です。葬列は家族や親族、参列者によって構成され、葬儀場から墓地までの道のりを慎重に進みました。

埋葬と墓地

江戸時代の埋葬は一般的に土葬で、故人は墓地に埋葬されました。埋葬の際には僧侶が読経を行い、故人の魂が安らかに眠ることを祈りました。

なお、墓は地域ごとに設けられていました。

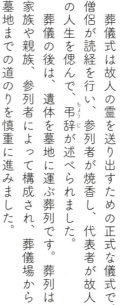

葬祭

特に寺院の敷地内に墓地があることが多く、家族の墓が代々受け継がれました。墓には石塔や墓碑が建てられ、故人の名前や没年月日が刻まれました。

死後の儀礼と年忌

葬儀が終わった後は、初七日《しょなのか》、四十九日《しじゅうくにち》、そして年忌法要が行われるのが一般的でした。

●初七日……故人が亡くなった日を一日目として数え、七日目に最初の供養を行います。七日目は死者の魂が三途の川に辿り着く頃で、その先の旅路が穏やかであるように祈り、見守るためのものでした。

●四十九日……七日ごとに七回の供養を行い、最終的な区切りとして四十九日法要が営まれました。この日を境に死者の魂が極楽浄土へ向かうと信じられており、非常に重要な節目とされました。

●年忌法要……一周忌、三回忌、七回忌と続きます。これらは一定期間ごとに故人を偲び、家族や近親者が集まる機会でもありました。

これら江戸時代の死後の儀礼は現代の日本でも多くが踏襲され、特に年忌法要は家族が集う機会として現代でも重要視されています。

宗教と信仰

江戸時代は神道、仏教、儒教が調和しながら共存し、社会秩序に深く根ざしていた！

江戸時代は、政治的安定とともに宗教や信仰の面でも大きな変革があった時期です。江戸幕府の統治下で仏教、神道、儒教が主な宗教として広まり、庶民の生活に深く根付いていました。

江戸時代の宗教は「神仏習合」が一般的で、多くの神社に仏教的要素が取り入れられ、神道と仏教が一体化した神仏混淆《しんぶつこんこう》の信仰形態が多く見られました。寺院と神社が一体となった寺社も存在し、明確な区分はありませんでした。

仏教と神道と儒教

江戸時代、庶民の間では虚空蔵菩薩《こくうぞうぼさつ》や観音菩薩《かんのんぼさつ》などの諸仏への信仰が盛んになりました。寺院では定期的に「開帳」が行われ、本尊や宗祖像の公開を通じて信仰を深める行事が行われました。

また、神道は江戸時代中期以降、国学の発展とともに再評価されました。古事記や日本書紀の研究が

宗教と信仰

進み、神道が日本の伝統的な宗教として再認識されたのです。特に、伊勢神宮などの神社への参拝が庶民の間で人気を博すようになりました。

また、江戸幕府は統治の理念として儒教を採用しました。特に朱子学が官学として奨励され、武士の教育や道徳の基盤となりました。藩校や私塾での儒教教育は、武士階級の倫理観や価値観に大きな影響を与えました。

キリスト教の弾圧

一方でキリスト教は冷遇されました。キリスト教は織田信長の時代に日本に伝わり、豊臣秀吉の時代に禁教となり、江戸時代にはさらに厳しく禁じられました。キリスト教徒が日本国内で独自の共同体を作り、戦国大名や地方の領主に対して強い影響力を持つことがあったため、幕府にとっては反乱や政治の不安定要素と見なされたからでした。

そのため、一六一二（慶長十七）年に江戸幕府はキリスト教を禁止する禁教令を布告して教会を破壊。キリスト教徒に対する処刑、拷問、改易《かいえき》（身分剥奪や財産没収）、強制改宗といった徹底した弾圧を断行。キリスト教徒は迫害を受けたことから、地下に潜って信仰を続ける「隠れキリシタン」が生まれることになったのです。

民間信仰の多様性

庶民の間には、日常生活に密着した独自の信仰も深く根付いていました。村落や町では地元の神々や霊を祀《まつ》る風習が根強く残り、それぞれの神を御祭神とする祭りや祈願が行われました。これらの信仰は地域の結束を強め、共同体の安定に寄与しました。

また、七福神巡りや御府内《ごふない》八十八カ所巡り、大山《おおやま》詣《まい》りや六地蔵巡りなど、庶民が参加できる巡礼も流行しました。これらの巡礼は人々の生活の中に信仰を取り入れたり、それを楽しむ手軽な方法として親しまれていたのです。

大江戸万歳!
江戸時代のエコライフ!の巻
知ってますか? 江戸時代のエコライフ
ECO
たとえば着物
母が着た着物は
おNEWよ
娘が着て孫も着る
母
娘
着倒したら子ども服にしたり
どうだい? いいオベベだろ?
赤ん坊のおむつにしたり
ヨチヨチ
ダー
はぎれは袋物 鼻緒 ぞうきんなどに
ボロボロになったら燃やしてかまどの燃料に
灰は畑の肥料にして使いきる
灰まで使いきるョ
ね! 江戸時代ってエコでしょ?

第四章
花開いた文化と娯楽

歌舞伎

歌舞伎は江戸時代の娯楽の王様だった！

歌舞伎は十七世紀初頭に誕生した日本の伝統演劇であり、江戸時代を通じて庶民に愛され続けました。創始者である出雲阿国《いずものおくに》が京都で女性だけの劇団を結成し、初めて公演を行ったことが始まりとされています。最初は女性だけで演じられていましたが、やがて女性の出演が禁止されるようになり、少年（若衆かぶき）や男性（野郎かぶき）による演劇に変わっていきました。

歌舞伎の発展と変遷

歌舞伎は初期の頃から派手な衣装や独特な化粧、華麗な舞台装置が特徴で、庶民の目を楽しませるものでした。特に、江戸時代中期以降、演劇の技術や演出が飛躍的に向上し、舞台の上では豪華な舞台装置が次々と導入されました。

代表的な劇場としては江戸の中村座、市村座、森田座があり、これらの劇場は江戸の中心地に位置し、

歌舞伎

多くの観客を集めました。

人気役者とその影響

江戸時代には多くの人気役者が登場し、彼らのファッションや髪形は庶民の間で大きな影響を与えました。代表的な役者としては、初代市川團十郎《しょだいいちかわだんじゅうろう》や坂《ばん》東三津五郎《どうみつごろう》などが挙げられます。

彼らの演技は観客を魅了し、彼らの人気は庶民の間で絶大なものでした。特に、「見得《みえ》」と呼ばれる、役者が一瞬ポーズを決める場面は観客を魅了します。見得の瞬間には拍手や声援、かけ声が送られます。

歌舞伎の演目と文学

歌舞伎の演目は時代劇や歴史物語、恋愛物語、世話物（庶民の生活を描いたもの）など、多岐にわたりました。これらの演目は、浮世絵や小説、詩などの文学作品とも密接に関連しており、歌舞伎は江戸時代の文学や芸術に大きな影響を与えました。

特に、近松門左衛門《ちかまつもんざえもん》や鶴屋南北《つるやなんぼく》、河竹黙阿弥《かわたけもくあみ》などの劇作家による作品は、今なお名作として語り継がれています。

歌舞伎の社会的役割

歌舞伎は単なる娯楽としてだけでなく、社会的なメッセージを伝える手段としても重要でした。演目には政治的な風刺や社会問題を扱ったものも多く、観客に対して鋭いメッセージを送ることがありました。また、歌舞伎は地域社会の結束を強める役割も果たし、庶民の生活の中で重要な位置を占めていました。

江戸時代の歌舞伎は、文化と社会に深く根付いた娯楽であり、庶民の生活に大きな影響を与えました。

現代の日本でもその伝統は続いており、歌舞伎は日本の伝統芸能として世界中で評価されています。

相撲

現在の大相撲の基礎は、江戸時代に作られた！

相撲は古代から日本に存在する伝統的な武芸の一つで、江戸時代には庶民の間で非常に人気がありました。相撲の試合は単なる力比べだけでなく、祭りや宗教儀式の一環としても行われ、社会的な重要性を持っていました。

相撲の起源と発展

相撲の起源は神話の時代に遡《さかのぼ》りますが、江戸時代に入ると、相撲は庶民の娯楽としての側面が強まりました。特に、寺社の境内で行われる興行が盛んになり、相撲は地域の祭りの一部として定着しました。各地から力自慢の者たちが集まり、力士として名を馳せることを目指しました。

相撲のルールと試合形式

江戸時代には、現在のような土俵が整備され、試合のルールも確立されました。力士たちは四股《しこ》を踏

相撲

み、体を鍛えるための厳しい稽古を積みました。勝敗は、相手を土俵の外に出すか、地面に触れさせることで決まります。

また、番付《ばんづけ》というランキング制度もこの時期に確立され、力士の地位や名誉が競われました。番付は力士たちの実力を格付けし、上位者から大関（番付最高位としての横綱は明治以降）、関脇、小結などの地位を表示するためのもので、相撲を楽しむための重要なツールとなっていました。

江戸の相撲興行

江戸では相撲興行が年に二場所行われ、多くの観客が詰めかけました。相撲興行は大規模なイベントであり、見世物小屋や屋台が立ち並び、町全体が賑わいました。著名な力士は、庶民のヒーローと

して称賛され、その名声は全国に広まりました。江戸時代の強豪力士として、勝率9割以上を誇って今なお伝説的に語られる雷電為右衛門《らいでんためえもん》などが有名です。

江戸時代後期には相撲興行はさらに組織化され、日本相撲協会の前身となる組織が結成されました。

相撲と文化

相撲は単なる競技ではなく、江戸時代の文化や社会にも大きな影響を与えました。浮世絵には力士たちの勇姿が描かれ、歌舞伎や文学にも相撲に関連する題材が取り上げられました。また、相撲は地域社会の結束を強める役割も果たし、祭りや行事を通じて地域の団結力を高める役割も果たしていました。

江戸時代の相撲は、庶民の娯楽として発展し、社会や文化に深く根付いていました。やがて、一九〇九年（明治四十二）年の旧両国国技館の完成をきっかけに相撲は国技として認知されるようになり、力士たちは単なるアスリートではなく、地域のヒーローとして人々の尊敬を集めるようにもなりました。

この時代の相撲は、現代の相撲の基礎を築き上げ、多くの伝統と文化を後世に伝えています。

旅と観光

江戸時代の庶民の旅は信仰心と娯楽心を満たし、地域の経済や文化を発展させた！

江戸時代には庶民の旅が広く普及しました。この時代には、街道や宿場町が整備され、人々は安心して旅を楽しむことができました。

庶民の旅の目的は、信仰心からくる巡礼や観光、さらには商業や親類訪問など多岐にわたりました。

街道と宿場町

江戸時代には江戸（現在の東京）を中心とする五街道（東海道、中山道、甲州街道、奥州街道、日光街道）が整備され、これにより全国各地への交通が便利になりました。特に東海道は、江戸と京都を結ぶ重要な幹線道路として多くの旅人が利用しました。これらの街道沿いには宿場町が設けられ、旅人は休憩や宿泊ができるようになっていました。

宿場町には、旅籠《はたご》、茶屋《ちゃや》、商店などが立ち並び、旅の疲れを癒すためのサービスが提供されたほか、飲食や買い物も楽しむことができました。

巡礼と観光

巡礼は江戸時代の庶民にとって重要な旅の目的でした。特に有名なのは伊勢神宮へのお伊勢参りや、善光寺《ぜんこうじ》への参拝です。これらの巡礼は信仰心を深めるだけでなく、道中の観光や娯楽も楽しむことができました。また、富士山や京都の神社仏閣、日光東照宮なども、それぞれが持つ文化的魅力が多くの旅人を惹《ひ》きつけました。名所旧跡や温泉地を訪れる観光も盛んで、たとえば、箱根や草津などの温泉地は多くの人々に愛されました。

旅行の手引き

江戸時代には道中案内や名所案内、地図が多く出版され、庶民の旅をサポートしました。代表的なものに、蘆橘堂適志《ろきつどうてきし》の『東海道巡覧記』や竹原春朝斎《たけはらしゅんちょうさい》が挿絵を描いた『都名所図会《みやこめいしょずえ》』などがあります。

旅と観光

現在の旅行ガイドブックにあたるこれらの手引き書は、街道や宿場の情報、名所旧跡の紹介などが詳細に記されており、旅の計画に大いに役立ちました。

旅の経済効果

庶民の旅は経済的にも大きな影響を与えました。宿場町や旅籠の経済活動が活発化し、地元の特産品や名物料理が旅人に提供されることで、地域の経済が潤いました。また、旅の文化が広がることで、庶民の生活や文化も豊かになりました。

江戸時代の庶民の旅と観光は、このように地域の経済や文化の発展に大きく寄与し、江戸時代の社会と人々の暮らしをを豊かにしたのです。

祝祭

祝祭は一年を通して様々に行われ、日本文化を鮮やかに彩った!

江戸時代には、様々な祝祭が行われました。その中でも特に重要なものとしては、正月、節分、七夕、お盆、祭りなどがあります。

正月は一年の始まりを祝う最大の祝祭であり、家々では雑煮などの料理を準備し、門松や鏡餅を飾りました。節分では鬼を追い払うための豆まきが行われ、七夕では笹竹に願い事を書いた短冊を飾りました。お盆は先祖の霊を迎えるための行事で、盆踊りなどが行われました。

江戸の三大祭り

江戸の三大祭りとして知られているのは、「神田祭」「山王祭」「深川祭」です。神田祭は江戸幕府を象徴する祭りとして、豪華絢爛《ごうかけんらん》な山車《だし》や神輿《みこし》が街を練り歩きました。山王祭は日枝《ひえ》神社の祭りで、幕府公認の行事としても重要視されました。深川祭は水の神である富岡八幡宮の祭りで、特に水を使った豪快な祭りとして知られています。

祭りの衣装と装飾

祝祭には、特別な衣装や装飾が欠かせませんでし

祝祭

た。祭りの際には華やかな着物や袴《はかま》を身にまとい、髪型や化粧も特別なものにしました。山車や神輿も豪華に装飾され、町中が祝祭ムード一色に染まりました。これらの装飾は、祭りの華やかさを引き立てるだけでなく、町民の誇りと結束を象徴するものでした。

このように、江戸時代の祝祭は、今でいうところの「ハレ」としての特別な日々を通じて、町民の生活に喜びと活力をもたらしていました。祝祭を通じて地域社会の絆が強まり、文化が発展し、人々は豊かな生活を享受したのです。

これらの祝祭は、現代の日本文化にも受け継がれ、多大な影響を与え続けています。

町民文化の発展

祝祭は町民文化の発展にも寄与しました。江戸時代の町民は自らの手で祭りを企画し、参加することでコミュニティの一体感を高めました。祭りの準備には多くの人手が必要であり、それが地域社会の結束を強める役割を果たしました。

また、祭りに関連した歌舞伎や能楽、浮世絵などの芸術活動も盛んに行われ、町民の文化的な生活を豊かに彩りました。祭りがもたらす経済的な影響も大きく、祭りの期間中は屋台や出店が沿道に数多く並び、地元の特産品や遊具が売られるなど、経済活動も活発化しました。

商人たちは祭りを活用して特別な商品や料理を提供し、町全体が祝祭ムードに包まれました。祭りがもたらす経済効果は無視できないものがあり、祭りは地域の繁栄を支える一因ともなっていたのです。

祭りは単なる娯楽に留まらず、地域社会における文化的・経済的な発展を促す重要なイベントでした。

屋台

屋台文化は庶民の生活に密着し、多様な料理と交流の場を提供する存在だった！

屋台の文化は、江戸時代中期の享保年間（一七一六〜一七三六）頃から発展しました。当時、庶民が暮らす長屋には本格的な台所がなかったともいわれ、人々は屋台や「棒手《ぼて》振り」と呼ばれる肩に担いで売る移動販売で食事を手に入れることが一般的でした。

屋台の目的は、そもそも主に大工や職人たちが簡単な食事をとるためのものでしたが、次第に専門店としての性格を強め、様々な料理が提供されるようになったようです。

これにより、やがて多くの人々が屋台で食事を楽しむようになりました。

また、次第に仮設店舗型の「居見世《いみせ》」も登場し、屋台形式から固定型店舗への発展も見られました。

屋台で楽しめる料理

江戸時代の屋台では、現在でも人気のある「寿司」「そば」「天ぷら」「うなぎ」などが提供されていました。

寿司は、当時「江戸前寿司」として知られ、特に握り寿司が庶民に人気を博しました。そば屋台も多く、立ち食いそばは忙しい町人たちの手軽な食事として愛されました。また、天ぷらは屋台発祥の料理として知られ、油で揚げた新鮮な魚介や野菜が提供されました。

庶民にとって屋台の魅力は、その価格にもありました。江戸時代には「四文屋《しもんや》」と呼ばれる安価な屋台も存在し、一品わずか四文（現代の約百二十円）

屋台

で食事が楽しめたことから、多くの人々に支持されていました。このように、外食は江戸の庶民にとって身近で手頃なものだったのです。

屋台の社会的役割

屋台は単なる食事の場であるだけでなく、町の情報交換や人々の交流の場としても機能していました。屋台の主人や常連客たちは、日常の出来事や噂話を交わすことでコミュニケーションを取り、屋台は地域社会の一部としての役割も果たしていたのです。

江戸時代の庶民にとって屋台は身近な楽しみの一つであり、夜になると掛行灯《かけあんどん》の灯りが屋台を照らし、多くの人々が集まり、互いに交流しました。

屋台の発展と規制

江戸時代を通じて屋台の数は増加し、町の至るところで見かけることができました。しかし、屋台には上下水道などの設備がなかったため、衛生面での問題が多発しました。そのため屋台で提供される食べ物は加熱処理された料理が基本で、生ものや冷たいものはあまり出せないという制約がありました。

また、治安や風紀の問題から幕府は屋台の設置や営業に関する規制を行い、適切な場所での営業を促しました。主要な街道沿いや寺社の境内など、人が集まる場所に屋台の出店を許可しましたが、防火のために「夜そば売り」や「煮売り」などの夜の営業には規制を設けました。

四季の行楽

江戸時代の四季折々の行楽は、自然と調和した豊かな文化を反映していた！

江戸時代の四季の行楽は、自然と親しみ、季節ごとの風物を楽しむ形で庶民に親しまれました。

春の花見

江戸時代の春といえば、花見がもっとも代表的な行楽でした。桜の花が咲く時期には、江戸の各地で花見の宴が開かれました。隅田川沿いや上野の山、飛鳥山などが江戸の人気の花見スポットでした。

庶民だけでなく、武士も花見を楽しみ、酒や食べ物を持ち寄って桜の下で宴会を開きました。花見は詩歌の題材にもなり、多くの俳句や短歌が詠まれています。

夏の納涼

夏は暑さを和らげるために納涼が行われ、特に川や海辺、山間部への行楽が盛んでした。江戸時代の庶民は浴衣を着て浅草の隅田川や品川の海辺へ行き、涼をとりました。また、花火大会も夏の大きな行楽イベントでした。現代でも人気の隅田川の花火大会は特に有名で、たくさんの人々が集まり、夜空を彩る花火を楽しみました。これらの納涼行事は、庶民の生活に潤いを与えました。

また、虫の声を聞く「虫聴き」も行楽の一つでした。特に江戸近郊の高台や自然豊かな場所で、夜に涼をとりながら虫の声を楽しむ習慣がありました。日暮里《にっぽり》の道灌山《どうかんやま》などが虫聴きの人気のスポットとして知られていました。道灌山は江戸の観光ガイドブック『江戸《えど》名所図会《めいしょずえ》』にも「道灌山聴蟲《どうかんやまむしきき》」という表題で取り上げられています。

秋の紅葉狩り《もみじがり》

秋には紅葉狩りが人気でした。紅葉狩りは、紅葉

四季の行楽

の美しさを楽しむために山や寺社を訪れる行楽で、現在の紅葉観賞と同じです。品川の海晏寺《かいあんじ》などが紅葉の名所として知られていました。

紅葉狩りは、景色を楽しむだけでなく、寺社巡りや温泉なども組み合わせて楽しむことができ、庶民の行楽の定番となっていました。

冬の雪見

冬には雪見が行われました。江戸時代の冬の行楽は、現代のようなスキーやスノーボードといったものではなく、雪景色そのものを楽しむものでした。特に市谷八幡宮や不忍池《しのばずのいけ》、目白不動境内の雪景色はとても美しかったとされ、雪見のために訪れる人々が多くいたといわれています。雪見の際には温かい食べ物や酒を楽しみながら、静かな冬の風景を満喫していたようです。

江戸時代の四季の行楽は、自然と密接に関わりながら、季節ごとの美しさや楽しみを存分に味わうものでした。これらの行楽は、庶民の生活に彩りを与え、現代にも受け継がれる日本の文化として大切にされています。

年中行事

年中行事は自然や農耕生活と密接に結びついた、社会の重要な文化イベントだった！

江戸時代の年中行事は、農耕社会のリズムに合わせて行われ、多くの人々が参加する盛大なイベントとなっていました。これらの行事は季節の移り変わりを祝い、豊作や家族の健康を祈るものでした。

一年の年中行事は、一年の始まりを祝い、新年の抱負や健康を祈願する「お正月」から始まります。

五節句——季節の節目を祝う

五節句は季節の移り変わりを感じ、自然と共に生きる生活の中で重要な行事でした。これらの節句は、家族や地域社会の絆を深める役割も果たし、現代の日本でも親しまれる行事になっています。

●人日《じんじつ》の節句……人日の節句は一月七日に行われ、「七草の節句」とも呼ばれます。この日は七草粥《ななくさがゆ》を食べる習慣がありました。七種類の草を入れたこの粥を食べることで、一年の健康を祈りました。

●上巳《じょうし》の節句……三月三日の上巳の節句は、雛祭りとして知られています。この日は女の子の成長と健康を祈るための行事で、雛人形を飾り、桃の花や白酒、菱餅《ひしもち》を供える風習がありました。

●端午《たんご》の節句……五月五日の端午の節句は、男の子の成長と健康を祈る行事です。鯉のぼりや鎧《よろい》・兜《かぶと》を飾り、柏餅や粽《ちまき》を食べる習慣があります。江戸時代には、この端午の節句が武士階級の影

響を受け、作りものの武具を飾る風習も広まりました。また、菖蒲《しょうぶ》の葉を湯に浮かべて入浴する「菖蒲湯」も健康を祈るために行われました。

●**七夕の節句**……七月七日の七夕の節句は、竹に短冊を吊るし、願い事をする風習があります。江戸時代には笹竹に短冊や飾りを付け、節句を祝うことが広がりました。この日は、織物や裁縫の技術向上を祈る女性たちの重要な日でもありました。

●**重陽《ちょうよう》の節句**……九月九日の重陽の節句は、菊の節句とも呼ばれ、長寿を祈る行事です。菊の花を飾り、菊酒を飲む習慣があります。また、この日に秋の収穫を祝うこともあり、農作物の豊作を祈る行事でもありました。

お盆――祖先の霊を迎える

お盆は、祖先の霊を家に迎え入れ、供養するための行事です。旧暦の七月中旬に行われることが多く、提灯《ちょうちん》に火を灯し、墓に祖霊を迎えに行き、家に連れ帰ってもてなし、また送り届けることが一般的でした。江戸時代のお盆では提灯を飾り、精進料理を供え、祖先の霊を迎えるための儀式が行われました。

秋の収穫祭――豊作を祝う

秋の収穫祭は、農作物の豊作を祝うための行事です。収穫の感謝を込めて、稲穂を神社に奉納し、祭りが行われました。江戸時代には地域ごとに異なる形で収穫祭が行われ、祭りの中では、歌や踊りが披露され、地域の絆を深める場となりました。

江戸時代の年中行事は、自然や農耕生活と深く結びつき、人々の生活に欠かせないものでした。これらの行事を通じて、家族や地域の絆が強まり、文化が継承されてきたのです。現代の日本でも、お正月を始めとして雛祭りや端午の節句など、多くの年中行事が続けられており、江戸時代の伝統が今に息づいています。

歌と音楽

三味線の音色に乗せた粋な歌や踊りは、江戸の町人文化を彩った!

江戸時代の歌と音楽は、町人文化とともに発展し、庶民の日常生活に密着していました。特に後期には、三味線を用いた小唄《こうた》や端唄《はうた》などが人気を集め、歌舞伎や寄席の場で多く演じられました。三味線の伴奏に合わせ、庶民が楽しめる短い歌詞とリズムを持つこれらの音楽は、粋で洒落《しゃれ》た江戸の風情を表現するものでした。

こうした三味線音楽は、歌舞伎の劇場や座敷でも親しまれ、観客たちは鑑賞だけでなく、気軽に歌い踊ることで音曲を楽しみました。

「どどいつ」と三味線音楽の流行

江戸時代の終わり頃に流行した「どどいつ」も庶民に親しまれた歌の一つです。どどいつは江戸時代後期の天保年間頃に、江戸の寄席音曲師・都々逸坊《どどいつぼう》扇歌《せんか》が広めた俗謡です。どどいつは「来てはちらちら　思わせぶりな　今日も止まらぬ　秋の蝶《ちょう》」といった具合に、七・七・七・五の定型詩で構成され、日常の情景や恋愛などをテーマにした軽妙な歌詞が特徴です。特に座敷や寄席などで三味線の伴奏とともに歌われて人気となり、娯楽として広がりました。

また、端唄は端的に表現された短い歌詞に江戸の町人文化の粋なエッセンスが詰まっており、恋情《れんじょう》や別れといった人々の心情を表現しています。端唄もよく親しまれ、庶民に口ずさまれていたようです。

歌と音楽

民謡と労働歌

江戸時代には、祭りや農作業の場で歌われる民謡や労働歌も多く存在しました。「木遣唄《きやりうた》」などは町火消しの鳶職《とびしょく》や大工たちが仕事の合間に掛け声とともに歌った労働歌で、これにより作業の連携が高まりました。木遣はのちに棟上げや祝いの場でも歌われるようになり、祝い歌や練り唄へと発展しました。

木遣唄は各地で無形民俗文化財や無形文化財にも指定され、二〇二一年に開催した東京オリンピックの式典でも日本文化の一つとして披露されました。

また、田植え歌や収穫祭の際の音頭も広く歌われ、人々が共同作業を行うための役割を果たしていました。こうした民謡や労働歌は、仕事の合間のひと息や、祭りを盛り上げるために大切なものでした。

伝統音楽と楽器

江戸時代には、格式ある長唄《ながうた》や箏曲《そうきょく》といった伝統音楽も隆盛を極めました。長唄は歌舞伎の劇場でよく演奏され、物語の演出に合わせて使われることが多く、三味線と歌が一体となって物語を盛り上げました。一方、箏《こと》を用いた箏曲は公家や武士層に愛され、上品で優雅な音色が特徴です。江戸の上流階級や茶会などの場で愛好され、箏を演奏できることが高い教養の証とされました。

なお、江戸時代、多くの人々に愛された和楽器は数多くありましたが、代表的な和楽器は、三味線、箏、胡弓《こきゅう》（後に尺八）です。

この三つの和楽器による演奏は「三曲合奏」として、その音色が親しまれました。

寄席と落語

寄席は庶民の娯楽として愛された！

江戸時代中期、町の人々に向けて様々な話芸が披露される「寄席《よせ》」が誕生しました。寄席は、もともと「講釈場《こうしゃくば》」や「寄せ場」と呼ばれる場所で、講談や落語、浄瑠璃《じょうるり》などの演芸が行われていましたが、次第に「寄席」という名称で親しまれるようになりました。寄席の特徴として、比較的安価に楽しめること、いつでも誰でも足を運べること、演者や客層の幅広さが挙げられます。

落語の発展

落語は江戸と上方（京都・大坂）でそれぞれ異なるスタイルで発展しました。

江戸落語は江戸の町人文化を背景にしており、噺《はなし》家《か》と呼ばれる語り手が、庶民の身近な出来事や人物を題材にユーモラスな話を展開しました。

たとえば、語りの主人公が商人や職人であることが多く、彼らの人間味あふれる失敗やユーモラスな

寄席と落語

エピソードを描いていました。文化・文政期（一八〇四年～一八三〇年）には江戸に百二十五軒もの寄席が存在し、町人層から落語が幅広く支持されていたことがわかります。

一方、上方落語は華やかさや情緒を重視した話が多く、登場人物もより豪華で、物語も舞台も派手な構成がとられることが特徴です。

江戸と上方、それぞれの地域で異なる特色を持ちながらも、寄席で披露されることによって人々の生活の中に深く根付き、現在まで続く伝統的な日本の話芸として発展してきました。

人気の噺家《はなしか》と演目

寄席は笑いや教訓を得ることができる場所として庶民に親しまれました。人気の噺家が出演する際は特に多くの人が集まり、会場は活気に満ちていました。落語は噺家が一人で様々な役を演じ分けることが特徴です。噺家は身振りや手振りを駆使し、異なるキャラクターを演じ分けて聴衆を楽しませます。

江戸時代には、亭号を用いた最初の人物で、「江戸落語中興の祖」と称される烏亭焉馬《うていえんば》や、怪談噺や人情噺といった幅広い演目で人気を集めた三遊亭圓《さんゆうていえん》朝《ちょう》などがいます。

ちなみに落語の演目は、「滑稽噺《こっけいばなし》」「怪談噺」「人情噺」などに分かれ、季節や聴衆の気分に合わせて変化します。特に「落とし」（オチ）と呼ばれる話の結末は観客に笑いを提供する重要な要素であり、噺家が工夫を凝らして語る場面となっています。

現代への継承

寄席は江戸時代から続き、現代まで受け継がれています。庶民の娯楽は愛され続け、その後も各地に広まり、東京や大阪の寄席は、今も多くの観客を魅了しています。

現代の落語はテレビなどを通じて広がり、国内外で評価される文化財としても定着している一方、当時と変わらない寄席の雰囲気や噺家の技芸は、今もなお観客を魅了し続けています。

絵画

江戸時代の絵画は多様なスタイルと技法の発展を見せ、多くの名画が生まれた！

江戸時代は平和と繁栄の時代であり、文化と芸術が花開いた時代でもあります。特に絵画においては、多様な流派やスタイルが発展し、多くの名画が生まれました。この時代の絵画は自然の美しさや人々の日常生活、風景、動物などを描くことに焦点を当て、写実的な表現と装飾的な要素が融合した作品が多く見られました。

肉筆画と多彩な画材

江戸時代には、庶民の生活や風俗を描いた肉筆画も多く存在しました。肉筆画は個々の絵師が直接紙や絹布に描き上げる一点ものです。美人画や風景画、物語を描いた作品など、様々なジャンルが人気を博し、当時の人々の娯楽となりました。

なお、江戸時代の画材は自然素材から作られた顔料が中心でした。貝殻から作られた胡粉《ごふん》、鉱石を砕いて作る岩絵具、植物から抽出した天然染料が用いられ、たとえば藍《あい》や紅《べに》などの色はよく使われました。特に紅花から作られる紅は人気が高く、女性の美人画などで多く目にします。

また、肉筆画では紙や絹が主に使われ、手軽な紙製の作品が広く親しまれていました。

狩野《かのう》派《は》と琳派《りんぱ》

江戸時代の絵画界において、狩野《かのう》派《は》と琳派《りんぱ》は特に重要な存在でした。狩野派は室町時代から続く伝統的な絵画流派で、狩野探幽《かのうたんゆう》などの名画家を輩出しました。彼らの作品は豪華で壮大な画風が特徴であり、将軍や大名の注文を受けて多くの屏風や襖絵が制作されました。

一方、琳派は尾形光琳《おがたこうりん》や酒井抱一《さかいほういつ》によって発展した流派で、装飾的なデザインと大胆な色使いが特徴です。光琳の『燕子花図屏風《かきつばたずびょうぶ》』や抱一の『夏秋草図《なつあきくさず》屏風《びょうぶ》』などが代表作として知られています。

絵画

円山応挙《まるやまおうきょ》と写生画

円山応挙《まるやまおうきょ》は江戸時代を代表する画家の一人であり、写生画の先駆者として知られています。彼の作品は自然観察に基づく写実的なスタイルが特徴で、繊細な筆遣いと色使いが評価されました。応挙の作品は『雪松図屏風《ゆきまつずびょうぶ》』や『幽霊図《ゆうれいず》』が有名ですが、応挙はまた動物画でも高い評価を受けています。応挙は、犬のしぐさや表情を細かに描き、しばしば子犬を愛らしい姿で描くことで観る者の心を引きつけました。

彼が描いた『朝顔狗子図杉戸《あさがおくしずすぎと》』は子犬が寄り添い、様々な表情や視線を通して犬の視線や感情を巧みに表現しています。

その他の重要な画家

円山応挙以外にも、江戸時代には多くの重要な画家が活動していました。池大雅《いけのたいが》は南画（文人画《ぶんじんが》）の代表的な画家であり、中国の絵画や書道の影響を受けた作品を制作しました。また、与謝蕪村《よさぶそん》は俳諧師としても知られ、その詩情あふれる風景画は高く評価されています。

江戸時代の絵画は、多様な画風と技法の発展を見せ、現代にもその価値が受け継がれています。

園芸

江戸時代には植物への愛着が広がり、園芸は庶民が手の届く趣味として大流行した！

江戸時代の園芸ブームは、徳川幕府の安定した政権と経済発展が基盤となりました。大名たちの屋敷や庭園は文化と権力の象徴として整備され、美しい庭園を競い合うようになりました。

そして、園芸趣味が市民生活の一部として急成長して各地に庭園が造られるようになると、盆栽や鉢植えも広まり、武士から町人まで幅広い階層で盛んになりました。

主な園芸植物と技術

江戸時代の代表的な園芸植物には桜、梅、菊、椿などがありました。特に菊は品種改良が進み、多くの種類が栽培されました。盆栽もこの時代に発展し、松や梅、桜などが鉢植えにされ、芸術的な剪定《せんてい》技術が駆使されました。

また、園芸書や栽培技術書なども出版され、人々の間で栽培方法の情報共有も進みました。

庶民の庭園造り

江戸の町では庶民が町屋や屋敷に小さな庭を作り、草花や樹木を植えて楽しむ習慣が生まれました。庭園には石や水を巧みに配し、限られた空間で自然の風景を再現する工夫が凝らされたのです。特に、植木市で手に入れた植物を育てたり、季節ごとの花を愛《め》でることで、四季折々の美を楽しみました。また、こうした小規模な庭造りは、都市部の限られた土地でも美しい景観を生み出すことができるとして人気を集めました。花や庭園のある風景が、町に潤いをもたらしたのです。

園芸

珍しい植物への関心と品種改良

園芸ブームの中で、園芸愛好者たちは珍しい植物や新しい品種を手に入れようとし、町中に植木商や盆栽の専門店も生まれました。園芸愛好者の多くは、新しい花や変わり種の植物に特別な価値を見出し、品種改良も進みました。

たとえば、江戸時代中期には菊や朝顔の品種が多様化し、異なる色や形の花が作られるようになりました。花菖蒲も多くの園芸品種が生み出され、美しい色合いや花びらの形にこだわった品種が登場。特に観賞用としての価値が高まり、専門の育種家も現れました。こうした珍しい品種は時に高価で取引され、園芸市場も大いに賑わいました。

文化財となった大名庭園

江戸時代の園芸文化には、豪華な大名庭園と庶民の庭園文化が共存していました。大名庭園は、広大な敷地を用いて池や山などの自然美を再現するものが多く、今に残る六義園《りくぎえん》や小石川後楽園などが有名です。こうした大名庭園は観賞や遊興の場としても利用され、武家社会の権威を象徴するものでした。

江戸中期には風景的要素を取り入れた庭園が造られました。代表的な庭園に幕府の庭師の九段《くだん》仁右衛《にえ》門《もん》・藤井友之進が参画した柏崎の貞観園《ていかんえん》や、築山師《つきやまし》の秦治郎兵衛兼利《はたじろうひょうえかねとし》が手がけた杵築《きつき》の妙経寺《みょうきょうじ》庭園があり、これらは文化財として保護されています。

現代に受け継がれる園芸市

一方で、庶民の間でも小規模な庭や鉢植えを工夫し、自然の美しさを楽しむ文化が広がり、園芸は身分を問わず多くの人に愛される娯楽となりました。

花のお祭りでは、毎年七月に入谷鬼子母神《いりやきしもじん》で行われる「入谷の朝顔市」、同じく七月の初めに開催される「浅草寺のほおずき市」は有名です。他にも江戸時代には菊の品評会などもあり、花を観賞し育てる文化が盛んになりました。

これらの伝統行事は、現代でも季節の風物詩として親しまれています。

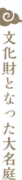

花火

江戸の花火は夏の風物詩として定着した！

花火の歴史は一六一三（慶長十八）年、イギリス国王ジェームス一世の使者が徳川家康に花火を献上し、駿府城《すんぷじょう》（現在の静岡市）でその花火が披露されたことにはじまるといわれています。

しかしその後、第三代将軍の家光の時代に花火禁止令が出されることになります。江戸時代の花火の急速な普及と、それに伴う火災の増加を防ぐためでした。花火は当時すでに江戸の庶民の間で大流行しており、これが江戸の密集した都市環境にとって深刻な問題となっていたのです。

花火の普及と花火職人

花火は職人たちの手によって精巧に作られ、技術が向上するにつれて、より大規模で華やかな演出が可能になりました。江戸時代の花火大会で有名なかけ声「鍵屋《かぎや》」「玉屋《たまや》」は、江戸で活躍した花火師の屋号に由来しています。「鍵屋」の鍵屋弥兵衛《かぎややへえ》は江戸時代を代表する花火師でしたが、鍵屋の番頭だった清七《せいしち》がのれんわけをして「玉屋」を名乗りました。花火大会で両者が競演すると、観客は打ち上げられる花火に「鍵屋！」「玉屋！」と声をかけました。

ちなみに江戸時代の花火は硝石《しょうせき》、硫黄《いおう》、木炭を混ぜて作った黒色火薬が主流で、色は赤橙色《せきとうしょく》しかありませんでした。色付き花火は、化学薬品が海外からもたらされた明治以降になってからのことです。

花火

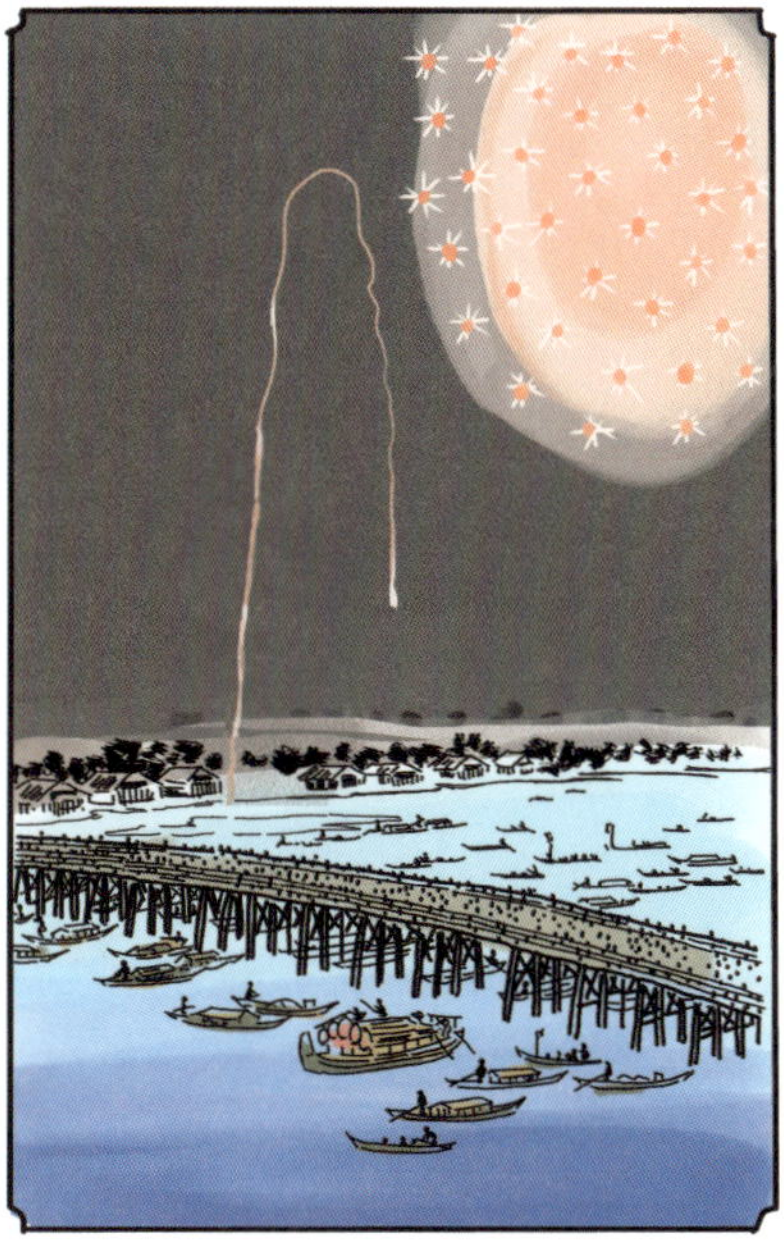

隅田川花火大会のはじまり

江戸時代の花火大会で特に有名なのが、隅田川花火大会「両国川開き」です。隅田川花火大会の起源は一七三三（享保十八）年に遡《さかのぼ》ります。当時、享保《きょうほう》の大飢饉《だいききん》と疫病が発生したため、徳川吉宗が慰霊と悪疫退散を祈願して、隅田川で「川開き」と称して花火を打ち上げたのが始まりです。

その後、毎年夏に行われる行事として定着し、江戸の人々にとって夏の風物詩として親しまれていきました。現在の隅田川花火大会も、この伝統を引き継ぎ、東京の夏の風物詩として毎年多くの人々を魅了しています。

江戸時代の日本三大花火

江戸時代の花火大会は各地でも盛んに行われていました。特に以下の花火大会がよく知られています。

●**市川（甲斐国《かいのくに》）**……江戸時代には甲斐（山梨県）の市川でも大規模な花火大会が行われていました。市川の花火大会は、町人文化と結びつきながら発展していきました。

●**水戸（常陸国《ひたちのくに》）**……水戸（茨城県）の花火大会も有名で、特に武家文化との結びつきが強く、諸大名が豪華な花火を競っていたことでも知られています。

●**吉田（三河国《みかわのくに》）**……三河の吉田（現在の愛知県豊橋市）でも、花火が大いに盛り上がりました。吉田の花火は他の地域と並び称されるほどの規模と人気があり、日本三大花火の一つとして名を馳せました。

これらの地域の花火大会は隅田川に劣らず盛大で、庶民や武家にとって重要な娯楽になっていました。

現代の「日本三大花火」は、秋田県大仙《だいせん》市、茨城県土浦市、新潟県長岡市の花火大会とされています。

怪談と奇談

怪談と奇談は庶民に親しまれ、後世にも影響を与えた！

江戸時代、怪談や奇談は庶民の間で非常に人気がありました。特に夏の夜には、涼を求めて怪談を聞くことがありました。怪談とは、幽霊や妖怪、怪異などの恐怖をテーマにした話であり、奇談は奇妙で不思議な出来事を描いた話です。

これらの話は口伝えで広まり、後には書物や浮世絵としても記録されました。

有名な怪談と奇談

代表的な怪談としては、四谷怪談が挙げられます。これは鶴屋南北《つるやなんぼく》の歌舞伎作品『東海道四谷怪談』に基づいた怪談であり、裏切りと復讐の物語です。江戸末期には三遊亭圓朝《さんゆうていえんちょう》の落語でも語られました。

また、怪談作家として有名な上田秋成《うえだあきなり》の『雨月物語』も広く知られています。雨月物語は全九編から成り、各話には個性豊かな幽霊や鬼が登場し、幻想的かつ怪異な物語を展開します。奇談としては、根《ね》岸鎮衛《ぎしやすもり》の『耳嚢《みみぶくろ》』などがありました。

語り手

江戸時代の怪談は、専門の語り手によって語られることが一般的でした。これらの語り手は、話の途中で声のトーンを変えたり、間を取ることで恐怖感を高める技術を駆使しました。

また、怪談の場は寺

怪談と奇談

社や茶屋など、語りは暗く静かな場所が選ばれることが多く、雰囲気作りも重視されました。これにより、聞き手は臨場感を持って怪談を楽しむことができました。

怪談と奇談の影響

怪談や奇談は、江戸時代の文化に大きな影響を与えました。これらの話は庶民の生活の一部として定着し、演劇や文学、絵画など様々な芸術分野に取り入れられました。特に、浮世絵師の葛飾北斎《かつしかほくさい》や歌川国芳《うたがわくによし》、日本画家の円山応挙《まるやまおうきょ》は、怪談や奇談を題材にした作品を多く残しています。

また、江戸時代には庶民の間で「百物語」という怪談会がブームになったこともあります。百物語は夜に蠟燭《ろうそく》の下で集まり、怖い話を順番に語り合うもので、百話目が語り終わると本物の怪異が現れるとされていました。この百物語の会では話が進むごとに蠟燭を一本ずつ消していくため、徐々に部屋が暗くなって、恐怖が増幅される仕掛けがありました。

現代に伝わる怪談と奇談

現在でも、江戸時代の怪談や奇談は多くの人々に親しまれています。たとえば、映画やテレビドラマで物語が再現されることが多く、特に夏の時期には怪談特集が組まれることもしばしばです。

また、「怪談師」と呼ばれる現代の語り手が活躍しており、ライブイベントやラジオ番組などで怪談を披露しています。江戸時代の怪談と奇談は、時代を超えて今なお現代のホラー作品やオカルトエンターテインメントに大きな影響を与え続けています。

居酒屋

居酒屋文化は庶民の交流と娯楽の場として発展し、独自の酒と肴が広まった！

江戸時代の日本では、都市の発展とともに居酒屋文化も花開きました。江戸時代初期、酒屋は主に酒を販売する場所でしたが、やがて店内に立ち飲みのスペースが設けられるようになり、客がその場で酒を楽しむ「居酒《いざけ》」が一般化。この「居酒」を本業とする酒屋が現れ、これが居酒屋の始まりです。

居酒屋の特徴

江戸時代の居酒屋は、手頃な価格で酒と料理を提供することが特徴でした。主に提供されていた酒は日本酒（清酒）であり、料理は田楽《でんがく》や煮物、焼き物、揚げ物、漬物など手軽に食べられるものが人気でした。

また、江戸の庶民は季節感を大切にし、旬の食材を使った料理が多く提供されました。

江戸時代の居酒屋は、小さな店が多く、立ち飲みスペースや簡単な座敷が設けられていました。やがて店内に、木製の床几《しょうぎ》や畳敷きの座敷が設けられることも一般的となり、客の居心地の良さが重視されるようになったといわれています。

居酒屋とコミュニティ

居酒屋は、庶民の社交の場として重要な役割を果たしました。仕事帰りに立ち寄ったり、商談や情報交換、友人との語らいの場として利用され、多くの人々が集まりました。また、江戸時代の居酒屋は商業活動の中心地である江戸の町に多く存在し、町人文化の一環として発展しました。

特に、江戸っ子と呼ばれる江戸の庶民たちは、居酒屋での飲み会を楽しみにしていたようです。

居酒屋

居酒屋の進化と多様化

居酒屋は時代とともに進化し、多様な形態が生まれました。屋台形式の居酒屋や、大きな宴会を開ける広い居酒屋。また一部の居酒屋では、歌舞伎や浄瑠璃などの芸能が楽しめたりもしたようです。

さらに、特定の地域や季節限定のメニューを提供する居酒屋も登場しました。これにより居酒屋は単なる飲食の場にとどまらず、地域文化の発信地としての役割も果たすようになっていったのです。

なお、居酒屋は庶民に人気があった一方で、治安の問題も引き起こしました。喧嘩やトラブルが発生することがあったのです。そこで江戸幕府はこうした問題に対処するため、深夜営業を禁止するなど、居酒屋に対する規制や管理を行いました。

現代に受け継がれる居酒屋文化

現代の日本でも、江戸時代の居酒屋文化は脈々と受け継がれています。多くの居酒屋が伝統的な料理や酒を提供し、その雰囲気を再現しています。特に季節ごとの特別メニューや、地元の特産品を使った料理が人気です。また、現代の居酒屋も庶民の社交の場として重要な役割を果たし、コミュニケーションの場として多くの人々に親しまれています。

見世物

見世物は庶民にとって重要な娯楽だった！

江戸時代の見世物《みせもの》は、庶民の間で広く楽しまれた娯楽の一つでした。「見世物小屋」は見世物を行うための専用の施設ですが、江戸の繁華街や寺社の境内に設けられることが多く、特に浅草や両国橋周辺には多くの見世物小屋が立ち並んで、庶民の娯楽の中心地となっていました。

見世物の種類と特徴

見世物は江戸の市中だけでなく、各地の市や祭りの際にも行われ、人々の関心を引きました。そして、その種類は多岐にわたりました。

●動物の見世物……猿回しや犬の曲芸といった動物による演技が人気でした。他にも、珍しい外国産の動物や、大蛇などの生物も人々を集めました。

●人体の見世物……人間の体に関連する奇抜なパフォーマンスも好まれ、「軽業《かるわざ》」というアクロバティックな身体芸や「曲馬《きょくば》」という馬上での演技が行わ

見世物

れました。また、力持ちや全身の刺青《いれずみ》、変わった身体特徴を持つ者も見世物として披露されました。

●奇術・幻術……「手妻《てづま》」と呼ばれる和風のマジックが存在し、幻術師が様々なトリックを披露しました。花や水が突然現れる、物が空中に浮かぶなどの幻術も観客を楽しませました。

●怪物や幽霊の見世物……幽霊や妖怪に扮した者が恐怖感を煽る「化け物屋敷」も江戸の見世物の一環でした。また、「百物語」の怪談のように、人々が怪奇現象や妖怪話を聞く催しも人気がありました。

●外国文化や異国人の展示……異国の衣装を着た人々や、外国の風俗・文化を紹介する見世物も行われました。これにより、一般の人々が異国の文化や人々の姿に触れ、新たな知見を広げる機会が得られました。

その他にも人形芝居や紙芝居などがあり、これらの見世物は庶民の好奇心や娯楽の需要を満たし、多様な文化が交差する場ともなりました。

見世物の社会的影響

見世物は単なる娯楽にとどまらず、江戸時代の社会に様々な影響を与えました。まず、見世物は人々の知識や文化の普及に大きく貢献しました。たとえば、動物の見世物を通じて庶民は珍しい動物や遠方の文化について知る機会を得ました。また、見世物小屋や関連する商業活動が盛んになることで、周辺地域の経済も活性化しました。

現代の日本の芸能にも見世物の影響は色濃く残っており、その歴史は日本の文化史の中で重要な位置を占めています。

博打

宝くじ、闘鶏《とうけい》、サイコロ……江戸時代の庶民も賭け事に熱中した！

江戸時代の庶民は、日々の生活に刺激を与える娯楽として様々な賭け事を楽しみました。幕府の取り締まりの対象でありながらも、その魅力と熱狂は衰えることがありませんでした。

幕府公認の「富突《とみつき》」

江戸時代の宝くじ、「富突《とみつき》」は「富くじ」とも呼ばれ、江戸の神社仏閣で資金集めのために行われていました。富くじの売り上げは寺社の修復や社会福祉などに充てられ、社会的にも認められた娯楽として広まりました。湯島天神、谷中感応寺《やなかかんのうじ》、目黒不動瀧泉寺《りゅうせんじ》は「江戸の三富《さんとみ》」として有名で、多くの人が訪れる人気の富くじ開催地でした。このくじは発売された番号が書かれた札を箱に入れ、錐《きり》で当選番号が引き当てる形式で行われました。当選者には当選金が贈られましたが、文政末（一八二九年頃）の記録では、当たりくじの最高額が千両でした。

動物を使った賭け事

庶民の娯楽として、動物を使った賭け事も人気を集め、「闘鶏《とうけい》」や「闘犬《とうけん》」が盛んに行われました。闘鶏は戦闘力の高い軍鶏《しゃも》が使われ、江戸初期から

博打

この闘鶏文化が盛り上がりを見せました。雄鶏《おんどり》同士を戦わせ、観客がどちらの鶏が勝つかを賭ける形式で、庶民にとって刺激的な娯楽の一つでした。

また、犬同士を戦わせる闘犬も人気がありました。犬や鶏以外にも、江戸時代の賭け事では昆虫や小鳥など様々な動物が使われました。こうした催しは、多くの人々にとって興奮を呼ぶ娯楽だったのです。

盤上の賭け事

将棋や囲碁は、江戸時代を通して広く楽しまれた知的な娯楽ですが、賭け事の対象としても人気でした。幕府や藩はそのギャンブル性を抑制するために、将棋や囲碁の大会で金銭を賭けることを禁止することもありました。

また、「双六《すごろく》」はサイコロを振り進むマス目によって勝敗が決まる運の要素が強いゲームで、庶民の間で非常に人気がありました。特に賭け金をともなう「盤双六《ばんすごろく》」は主に家族や友人同士で行われ、気軽に楽しめる賭け事として江戸の家庭で愛されました。

また、時代劇で有名な「丁半博打《ちょうはんばくち》」は、サイコロの目が「丁（偶数）」か「半（奇数）」かを予想して賭ける簡単な賭博で、非常に人気でした。主に賭博場や宿場町で行われ、賭け金の多寡にかかわらず、多くの人々がこのスリリングな博打に熱中しました。

賭博大国だった江戸時代の日本

こうした賭け事の流行は幕府から危険視され、賭博の禁止令は度々発布されました。しかし、庶民の間での人気は収まらず、隠れた場所での賭け事（闇《やみ》賭博《とばく》）も行われていたようです。賭け事は庶民の娯楽として根強く定着し、制限されても様々な工夫を凝らして行われ続けたのです。

服飾

江戸時代は「小袖《こそで》」の華やかなデザインや「藍染《あいぞめ》」が生活に彩りを添えた！

江戸時代の服装は武士、農民、町人といった身分制度に応じた決まりがありました。武士は「官位」や「家格」に応じて束帯《そくたい》や直垂《ひたたれ》などの格式の高い装いをし、特に儀礼用の衣装が重視されていました。

一方、庶民は麻や木綿《もめん》の素材が一般的で、丈夫で吸湿性に優れる木綿は江戸時代中期以降、特に普及しました。

小袖《こそで》の多様なデザインと流行

「小袖《こそで》」は元々、公家の下着として着用されていた衣装でしたが、江戸時代には庶民や武士の普段着として定着しました。小袖はほぼ直線裁断で上下が一体になっており、簡素な形状でシンプルな衣装でしたが模様や染色の工夫で個性を表現できました。

小袖の装飾は花や動物、風景など、季節や自然をモチーフにした模様が流行し、庶民も独自の工夫を凝らして、華やかなデザインを楽しみました。

藍染の普及と庶民の粋《いき》

庶民の普段着としては藍染《あいぞめ》が大流行しました。藍染めは丈夫で退色しにくく、防虫効果もあって丈夫なため、農作業や日常着に適していたのです。

また、染め方や模様で趣向を凝らし、〝粋《いき》〟な着こなしが求められるようにもなりました。幕府は贅沢品の使用を禁じましたが、庶民は藍染めの色合いや柄の位置などで個性を出し、法令を回避しながらファッションを楽しむ工夫を凝らしました。藍染は特に江戸時代後期に庶民の間で普及し、江戸文化に欠かせないファッションスタイルとなりました。

さらに、季節の変化に応じて着物も衣替えが行われ、夏には単衣《ひとえ》、冬には綿入れなどが多く着られました。特に夏の着物は薄く涼やかな素材が用いられ、江戸の暑さを快適に過ごす工夫がなされていました。

衣替えの習慣は着物の風合いやデザインに季節感

を取り入れることにも繋がり、四季の移ろいを楽しむ江戸文化の一環でもありました。

歌舞伎の影響とファッション誌の登場

歌舞伎の舞台衣装は、庶民の流行に大きな影響を与えました。役者が舞台で着用した派手な色や柄の着物がそのまま町人の間で流行し、特に鮮やかな色や大柄の模様は人気を集めました。歌舞伎を通じて取り入れられたファッションは、江戸の町人文化をさらに華やかにしました。

また、江戸時代にはファッション誌のような役割を果たした「雛形本《ひながたぼん》」が登場しました。寛文七（一六六七）年には『新撰御《しんせんおん》ひいなかた』という雛形本が出版され、一般の人々が新しいデザインを取り入れるきっかけとなりました。雛形本には小袖の意匠が多数掲載され、江戸時代前期から中期にかけて約二百冊も刊行されたことで、当時の女性たちの流行のキャッチアップに大いに役立ちました。

これらの影響により流行が迅速に広まり、江戸の庶民のファッションはデザインも着こなしも一層洗練されていったのです。

ゴオオオ…
令和の時代か……
便利な世の中になったんだねえ
でも江戸時代のほうがよかったんじゃねえかい？って思うこともあるね
カー
カー
まず今はゴミが多すぎだあな！
こわれた傘なおすよ〜
おいらの江戸時代はなんでも再生利用に再使用!!
不要の紙買うよ〜
隣近所もみんな助けあってな
子どもは見てるから！
お願いします

コンビニがなくたって
あさり〜
あさり〜
採れたて野菜だよ〜
向こうから売りにきてくれる
と〜ふ〜
それに移動は「歩き」！健康的だろ？
ぜひ皆さんも考えてみてはいかがでしょう
ご一読まことにありがとうございました！

【参考文献】

『絵解き　浮世絵・戯作と書入れでよくわかる！江戸の暮らし』著者＝永井義男（学研プラス）
『図解　江戸の遊び事典』著者＝河合敦、鈴木章生、菅井靖雄（学研プラス）
『江戸庶民の衣食住』監修＝竹内誠（学研プラス）
『ヴィジュアル百科　江戸事情〈第一巻〉生活編』編集＝ＮＨＫデータ情報部（雄山閣）
『面白いほどよくわかる　浮世絵入門』著者＝深光富士男（河出書房新社）
『江戸時代の企業者活動』監修＝宮本又次、中川敬一郎（日本経済新聞社）
『江戸の寺子屋と子供たち』著者＝渡辺信一郎（三樹書房）
『江戸のダイナミズム　古代と近代の架け橋』著者＝西尾幹二（文藝春秋）
『まんが　江戸時代の経済入門』著者＝大福組／イラスト＝アイタロー（パンローリング）
『江戸庶民の信仰と行楽』著者＝池上真由美（同成社）
『歴史文化ライブラリー64　江戸時代の女性たち』編集＝近世女性史研究会（吉川弘文館）
『道具と暮らしの江戸時代』著者＝小泉和子（吉川弘文館）
『江戸の食生活』著者＝原田信男／（岩波書店）
『江戸の生活と風俗』著者＝三田村鳶魚／編集＝朝倉治彦（中央公論新社）
『江戸時代の経済思想　―「経済主体」の生成―』著者＝川口浩（勁草書房）
『大江戸商い白書　数量分析が解き明かす商人の真実』著者＝山室恭子（講談社）
『近世の市場構造と流通』著者＝林玲子（吉川弘文館）
『米が金・銀を走らせる　江戸史講義』著者＝大石慎三郎、津本陽（朝日出版社）
『江戸の庶民文化　浮世絵の魅力』著者＝小林忠（ビジネス教育出版社）
『図説江戸の演劇書　歌舞伎篇』著者＝赤間亮／編集＝早稲田大学坪内博士記念演劇博物館（八木書店）
『江戸時代の美術―絵画・彫刻・工芸・建築・書』著者＝辻惟雄（有斐閣）
『特装版　維新前夜の文学』著者＝杉浦明平（岩波書店）

『江戸の寺子屋と子供たち　古川柳にみる庶民の教育事情』著者＝渡辺信一郎（三樹書房）
『江戸の学びと思想家たち』著者＝辻本雅史（岩波書店）
『知識と学問をになう人びと』編集＝横田冬彦（吉川弘文館）
『近世江戸の行政と法の世界』著者＝坂本忠久（塙書房）
『江戸時代の医学　名医たちの三〇〇年』著者＝青木歳幸（吉川弘文館）
『江戸・東京はやり信仰事典』著者＝新倉善之（北辰堂）
『江戸時代にみる日本型環境保全の源流』編集＝農山漁村文化協会（農山漁村文化協会）
『江戸の職人　伝統の技に生きる』著者＝中江克己（泰流社）
『衣食住にみる日本人の歴史4　江戸時代〜明治時代』監修＝西ヶ谷恭弘（あすなろ書房）

【デジタルリソース】

江戸東京博物館公式サイト／国立国会図書館デジタルコレクション／歴史学会ウェブサイト

【博物館と図書館】

新宿歴史博物館／深川江戸資料館／江戸東京博物館／国立国会図書館／京都国立博物館

2025年１月７日　第１刷発行

江戸時代を知る、楽しむ。

監修●永井 義男
絵●鈴木 あつよ
装丁・本文デザイン・編集協力●中田 薫（有限会社EXIT）
校　正●合同会社こはん商会

発行人●川畑 勝
編集人●中村 絵理子
企画編集●石尾 圭一郎
発行所●株式会社Gakken　〒141-8416 東京都品川区西五反田2-11-8
印刷所●大日本印刷株式会社
DTP●株式会社アド・クレール

〈この本に関する各種お問い合わせ先〉
・本の内容については、下記サイトのお問い合わせフォームよりお願いします。
https://www.corp-gakken.co.jp/contact/
・在庫については　Tel 03-6431-1201（販売部）
・不良品（落丁、乱丁）については　Tel 0570-000577
学研業務センター　〒354-0045 埼玉県入間郡三芳町上富279-1
・上記以外のお問い合わせは　Tel 0570-056-710（学研グループ総合案内）